Katharina Uebel / Peter Buri

Römische Spiele

So spielten die alten Römer

Katharina Uebel / Peter Buri

Römische Spiele

So spielten die alten Römer

REGIONALIA

20. Auflage 2026

Katharina Uebel / Peter Buri
Römische Spiele

Regionalia Verlag
ein Imprint der Kraterleuchten GmbH
Gartenstraße 3, 54550 Daun

Bei Fragen zur Produktsicherheit wenden Sie sich an:
gpsr@kraterleuchten.com

Einbandgestaltung: Beata Salanowski, agilmedien, Niederkassel
Layout & Satz: A. Aspropoulos

Hergestellt in der Europäischen Union, Finidr, CZ

ISBN 978-3-939722-32-8

www.regionalia-verlag.de

INHALT

Sonstige Spiele aus dem alten Rom 111

VORWORT

Wer an die Freizeitgestaltung im Alten Rom denkt, dem fallen natürlich zuerst die berühmten Wagenrennen und Gladiatorenkämpfe ein, die im Kolosseum und in anderen Amphitheatern stattfanden. Tatsächlich waren diese Spektakel sehr beliebt – überhaupt liebten die Römer alle Arten der Zerstreuung, alles, was mit Spaß und Spiel, Unterhaltung und Wetten zu tun hatte. Viele römische Bürger hatten neben ihren Hauptbeschäftigungen viel Zeit, um solchen Vergnügungen nachzugehen – schließlich gab es ja Sklaven, die die unangenehmen Arbeiten für sie verrichten konnten!

Für uns heute ist es kaum mehr möglich, das Freizeitleben eines solchen Römers nachzuempfinden: Wagenrennen kennen wir nur aus den großen Monumentalfilmen, und die Atmosphäre des Alten Rom mit seinen Tempeln und Foren will in unseren Städten auch nicht so recht aufkommen. Wer Geld für ein entsprechendes Computerspiel ausgibt, hat es schon einfacher, sich in die Römerzeit versetzen zu lassen, aber es geht auch noch unkomplizierter und vor allem günstiger: mit den römischen Spielen in diesem Buch!

Die Römer haben nämlich nicht nur gerne Kämpfen zugeschaut und gewettet, sondern auch für ihr Leben gern zusammen Spiele gespielt, vom Ballspiel bis zum Brettspiel. Und dort liegt unsere Chance, doch noch ein wenig vom römischen Leben nachempfinden zu können: Da es viele antike Bilddarstellungen und archäologische Funde gibt, die uns Aufschluss über die Art der Spiele und die Spielregeln geben, ist es möglich, viele dieser Spiele auch heute noch nachzuspielen.

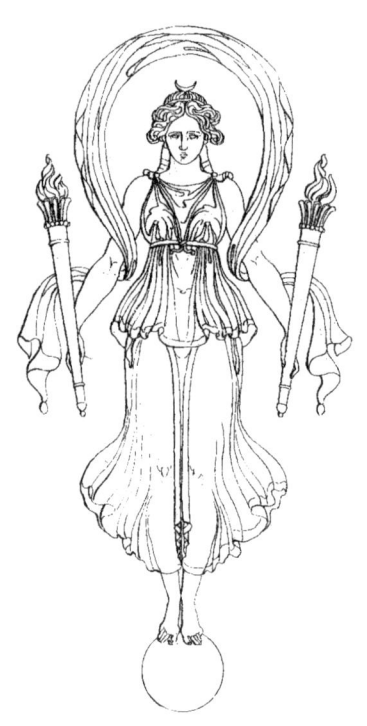

Und zu unserem Glück brauchen wir dafür keine aufwändigen Requisiten, noch nicht einmal die in Stein gehauenen Spielbretter, die die Römer für Gesellschaftsspiele benutzten. Nein, wir machen es wie der Großteil der Menschen damals im Römischen Reich und benutzen für unsere Spiele ganz einfaches Zubehör: Bälle, Nüsse, ein Stock, ein Seil, Würfel, ein paar in den Staub gezogene Linien – mehr braucht es nicht, um sich mit spannenden oder sportlichen Spielen die Zeit zu vertreiben – zu zweit oder mit vielen Mitspielern, drinnen oder draußen.

Einige der in diesem Buch enthaltenen Spiele werden Ihnen bekannt vorkommen: Es sind die Vorläufer von heute noch bekannten Spielen. Dazu gehören zum Beispiel die Fangspiele „Plumpsack" und „Blinde Kuh" oder die Gesellschaftsspiele Backgammon und Mühle. Einige dieser klassischen Spiele gehen auf noch ältere Ursprünge zurück, denn die Römer hatten sich ihrerseits schon fleißig bei den Spieltraditionen der alten Griechen und Ägypter bedient. Bis heute wurden diese beliebten Spiele ständig weiterentwickelt und verbessert. In unserer Sammlung sind aber auch viele unbekannte Spiele zu finden – eine willkommene Abwechslung, wenn Sie zum Beispiel an einem verregneten Ferienort sind und alle anderen Spiele schon gespielt haben!

Das Buch vermittelt einen kleinen Einblick in die Vielfalt der römischen Spiele, die immer und überall mit Begeisterung gespielt wurden. Lassen Sie sich von der Spielfreude der Römer anstecken und probieren Sie einfach mal ein paar Spiele aus! Bei den Kategorien „Ballspiele", „Brettspiele", „Nussspiele", „Würfelspiele", „Lauf- und Fangspiele" und „Sonstige Spiele" ist für Groß und Klein sicher etwas dabei. Zu jedem Spiel werden die Regeln erklärt; Zeichnungen und Diagramme verdeutlichen den Spielablauf. Wer dann zum Experten in Sachen „Römische Spiele" geworden ist, der fährt vielleicht einmal in ein Römisches Museum oder einen Archäologischen Park, wo man historisches Spielzubehör aus dem alten Rom besichtigen und oft auch – selbstverständlich in eine römische Kluft gekleidet – römische Spiele ausprobieren kann. Schon ist man dem Lebensgefühl des Alten Rom wieder ein gutes Stück näher gekommen!

Wir wünschen Ihnen viel Spaß beim Entdecken der römischen Kultur und natürlich beim Spielen!

EINLEITUNG

FREIZEITGESTALTUNG IM ANTIKEN ROM

Im 1. Jahrhundert v. Chr. war Rom bereits eine Millionenstadt und sowohl geographisches als auch politisches Zentrum des Römischen Reiches. Latein war Amtssprache, aber auch andere Sprachen wurden gesprochen.

DIE RÖMISCHE GESELLSCHAFT

Die römische Gesellschaft war zunächst (bevor sie sich in weitere Stände ausdifferenzierte) grob in zwei Gruppen unterteilt: den Adel (nobilitas) und die große Masse des einfachen Volkes (plebs); dazu gehörten zum Beispiel die Bauern und Handwerker. Das Volk teilte sich wiederum in die Klassen der frei Geborenen, der Freigelassenen und der Sklaven. Frei geborene Römer hatten die meisten Rechte, Sklaven und Sklavinnen so gut wie keine.

Die Männer waren die Säulen der Gesellschaft; sie bestimmten die Politik und dienten in der Armee. Frauen waren nicht so schlecht gestellt wie in manchen anderen antiken Gesellschaften – sie durften am öffentlichen Leben teilnehmen, wenn sie auch keine politischen Rechte hatten und keine öffentlichen Ämter bekleiden durften. Es war üblich, die Mädchen früh zu verheiraten – mit etwa 14 Jahren, zum Teil noch früher. Dabei war der Altersunterschied zum Ehemann manchmal beträchtlich. Sowohl vor als auch nach der Heirat hing das Leben einer Frau sehr vom sozialen Rang ihrer Familie ab: Besser gestellte Frauen hatten ein angenehmes Leben, da ihnen die Arbeit im Haushalt und zum Teil auch die Aufsicht über ihre Kinder von Sklaven abgenommen wurde. Diese Frauen konnten sich mit Handarbeiten und Besuchen die Zeit vertreiben. Ärmere Frauen übten dagegen oft einen Beruf aus. Allen Frauen wurde mehr Achtung entgegengebracht, sobald sie Mutter wurden.

Schulen gab es im antiken Rom erst seit dem 2. Jahrhundert v. Chr., als man die Idee einer öffentlichen Lernstätte aus Griechenland übernahm. Zuvor waren die Kinder, wenn überhaupt, im elterlichen Hause unterrichtet worden. Zur Schule gingen die Jungen – und auch viele Mädchen – im Alter von sieben bis elf Jahren;

sie lernten hauptsächlich Lesen, Schreiben und Rechnen. Jungen aus der Oberschicht konnten, bis sie 16 waren, eine Art Oberschule besuchen, auf die dann noch eine Rhetorikausbildung folgte, um ihnen den „letzten Schliff" zu geben. Wichtig war für sie auch die Ausbildung an der Waffe sowie Griechischunterricht. Es herrschte keine Schulpflicht, der Schulbesuch war freiwillig.

ARBEIT, FREIZEIT UND SPIEL

Das Spielen und die vergnügliche Unterhaltung generell hatten im antiken Rom einen hohen Stellenwert – womöglich höher als heute! Man war sich einig – auch dies eine aus dem alten Griechenland überlieferte Theorie –, dass ein wenig Unterhaltung und Zerstreuung dem arbeitenden Menschen gut tue. Trotzdem waren die Ausbildung der Kinder und das Arbeitsleben von Strenge geprägt. Doch ob man zur Schule gehen musste, in der Armee war oder einen Beruf ausübte – sei es Bäcker, Gerber, Bademeister oder Rechtsgelehrter –: Seine Unterhaltung ließ man sich nicht nehmen!

Zur Unterhaltung der Massen diente im Alten Rom das Kolosseum. Es war das größte im Römischen Reich erbaute Amphitheater und galt als großes Beispiel für die hohe Baukunst der Römer. Als Arena war das Kolosseum über 400 Jahre lang in Betrieb und Veranstaltungsort zahlreicher, in der Regel höchst grausamer Spiele. Diese Spiele dienten der Unterhaltung und wurden von Mitgliedern des Kaiserhauses ausgerichtet. Zu den Veranstaltungen hatte jeder freie Bewohner Roms kostenlosen Zutritt. Besonderer Beliebtheit erfreuten sich vor allem Gladiatoren-kämpfe und Tierhetzen, wobei Kämpfe zwischen besonders exotischen Tieren bevorzugt wurden. Zu den Ritualen gehörte auch die öffentliche Exekution von Verurteilten, vor allem jener, über die der Tod durch wilde Tiere verhängt worden war. Das letzte Spektakel im Kolosseum fand 523 statt, als das Christentum bereits Staatsreligion war.

Auch das Theater war sehr beliebt; es gab Pantomimen, Komödien, Tragödien und viele andere Formen der Theateraufführung.

Zu guter Letzt wurde viel miteinander gespielt. Einige Spiele waren Bestandteil der militärischen Ausbildung, dazu gehörten Lauf- und Ballspiele, die in allen Alters-stufen beliebt waren. Für ein Ballspiel traf man sich auf dem Marsfeld in Rom, auf Straßen, Plätzen und Sportanlagen. Mit Bällen verschiedener Arten und unter-schiedlicher Größe wurde einzeln oder in Gruppen gespielt. Es gab kleine Bälle, gefüllt mit Haaren oder Federn, aber auch Bälle aus Schweins- oder Rindsblasen, die mit Luft gefüllt wurden.

Andere Spiele spielte man nur zum Vergnügen, und das überall: Die Kinder spielten auf der Straße, die Jugendlichen trainierten am Tiber, und die Erwachsenen spielten entweder auf den Stufen öffentlicher Gebäude, in der Taverne oder zu Hause.

SPIELEN IM KINDESALTER

Obwohl die Kinder streng erzogen und die ärmeren von ihnen auch zur Arbeit herangezogen wurden, war es ihnen erlaubt, nach Herzenslust zu spielen. Es gab vielfältiges Spielzeug: Mädchen hatten kleine Puppen aus Ton oder Elfenbein; Jungen spielten mit nachgebildeten Waffen und richtigen kleinen Kampfwagen, in denen sie Wagenrennen nachspielten. Außerdem gab es Tierfiguren aus Holz und große Reifen, die man mit einem Stock vorantrieb. Durch antike Grabfunde weiß man, dass ein Kind, wenn es starb, sogar mit seinem Spielzeug bestattet wurde! Die Kinder spielten außerdem viel mit Nüssen, Steinchen, Murmeln und kleinen Knöchelchen. Nuss-Spiele waren sogar ausnahmslos den Kindern vorbehalten und somit für Jugendliche und Erwachsene tabu. Wahrscheinlich stammt daher auch die Redensart „Nuces relinquere", frei übersetzt: „die Nüsse hinter sich lassen", was soviel wie „das Ende der Kindheit" bedeutete.

SPIELEN UNTER ERWACHSENEN

Auch die Erwachsenen spielten ständig und an jedem Ort – bildliche Darstellungen, zum Beispiel in den Ruinen Pompejis, zeugen davon. Noch heute kann man außerdem an manchen Orten in Stein geritzte Linien sehen, die als Markierungen für Brettspiele dienten, zum Beispiel auf den Treppenstufen der Basilica Julia am Forum Romanum in Rom. Bei Ausgrabungen findet man häufig Spielsteine und Würfel aus Knochen. Sogar am Königsthron Karls des Großen, den man in der Aachener Pfalzkapelle besichtigen kann, findet man ein Zeugnis der antiken Spielfreude: Auf einer der Marmorplatten, aus denen der Thron besteht und die wohl aus der Grabeskirche in Jerusalem stammen, sind die Linien für ein antikes Mühlespiel zu erkennen!

Fast süchtig waren die Römer nach dem Würfelspiel, quer durch alle sozialen Schichten. Am liebsten spielten sie um hohe Geldeinsätze. Das wurde so schlimm, dass es zu einem sozialen Problem wurde: Die Sitten verfielen zusehends; die Einsätze ruinierten so manchen und trieben ihn nicht selten zu brutalen Rachemaß-nahmen. Daher sah sich die sonst eher tolerante kaiserliche Regierung gezwungen, das Glücksspiel bei strenger Geldstrafe zu verbieten. Nur während der Saturnalien, einem Fest im Dezember zu Ehren des Gottes Saturn, das eine Woche dauerte, waren Glücksspiele noch erlaubt.

Das Verbot nutzte aber nichts: Die Römer trafen sich weiterhin zum Würfelspiel, hinter verschlossenen Türen oder in Tavernen mit getarnten Räumen. Als Tarnung wurden nun Spielchips statt Münzen auf den Tisch gelegt. Noch nicht einmal die Kaiser selbst hielten sich an das Verbot: Augustus spielte praktisch ständig, und von Claudius ist überliefert, dass er sogar in seiner Kutsche einen Spieltisch einbauen ließ – und zwar einen Spezialtisch, der es ihm erlaubte, auch in der wackligen, fahrenden Kutsche seiner Spielleidenschaft zu frönen.

BALLSPIELE
(LUDI PILAE)

HISTORISCHES

Ballspiele nahmen im römischen Gesellschaftsleben einen hohen Stellenwert ein, unabhängig davon, ob man jung oder alt war und welcher sozialen Schicht man angehörte. Der Leibarzt von Kaiser Mark Aurel verordnete das Ballspielen zum Beispiel für das Training des Körpers, und es war sogar Teil der militärischen Ausbildung. Außerdem diente es dem römischen Dichter Horaz und auch anderen Intellektuellen und Reichen als Ausgleich zu den geistigen Tätigkeiten und als sportliche Abwechslung zur Tagesroutine.

Gespielt wurde in öffentlichen Parks und auf Sportanlagen, so genannten Sphaeristerien, die sich mancher reiche Römer in seiner Villa extra für den Ballsport bauen ließ.

Die Römer verwendeten für das Ballspiel viele unterschiedliche Balltypen. Sie nutzten große und kleine, harte und weiche Bälle, die mit Luft, Federn oder Wolle gefüllt und mit Leder oder Stoff bezogen waren. Überliefert sind auch Bälle aus Glas, mit denen die Römer jonglierten. Einige Gaukler verdienten auf diese Art ihren Lebensunterhalt.

Die Ballspiele lassen sich in drei Kategorien unterteilen, erstens in leichte Spiele, bei denen die Beteiligten sich den Ball gegenseitig zuwarfen. Zweitens gab es die Einzelübungen, dazu zählte das Jonglieren oder das häufige, ununterbrochene Prellen eines Balles gegen eine Wand oder auf den Boden. Die dritte Kategorie sind die Wettkampfspiele, zum Beispiel Faustball, Harpastum und Trigon. Die Spiele aller drei Sparten werden auf den folgenden Seiten erklärt, damit Sie die römische Ballsport-Kultur kennenlernen und nachempfinden können.

DIE SPIELREGELN

Die Ballspiele sind aus historischen Skizzen, Schriften und Malereien überliefert, die nur wenige genaue Angaben zu den Spielregeln geben. Es ist jedoch möglich, diese Spiele mit ähnlichen Spielen aus der heutigen, modernen Zeit zu vergleichen und so die Regeln der römischen Ballspiele nachzuvollziehen.

BALLSCHLEUDERN
IACTUS PILAE

FÜR DREI BIS FÜNF SPIELER

Jeder Spieler wirft den Ball einmal mit der Schleuder möglichst weit.
Sieger ist, wer die größte Weite erreicht hat.

HUCKEPACK
EPHEDRISMOS

FÜR VIER SPIELER UND EINEN SCHIEDSRICHTER

Zwei Spieler bilden je eine Mannschaft, wobei ein Spieler den anderen
Huckepack nimmt.
Zu Beginn gibt der Schiedsrichter einem Team den Ball und beide Mannschaften
versuchen sich den Ball zuzuwerfen, ohne dass sie ihn fallenlassen. Passiert dies
trotzdem, gibt es einen Strafpunkt. Außerdem muss die Position des Huckepack
beibehalten werden, sonst bekommt man einen Minuspunkt.

Gewonnen hat das Team mit den wenigsten Strafpunkten.

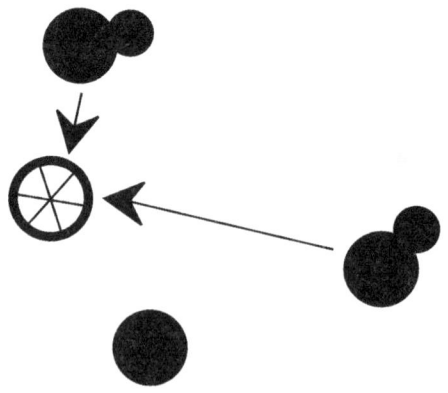

RÖMISCHES BALLFANGEN
EPISKUROS

FÜR 16 BIS 20 SPIELER UND EINEN SCHIEDSRICHTER

Es werden zwei gleich starke Mannschaften gebildet und drei Linien markiert, eine Mittellinie und zwei Grundlinien.

Der Schiedsrichter schießt mit dem Fuß den Ball von der Grundlinie einer Mannschaft ins gegnerische Feld. Die Spieler versuchen, den Ball zu fangen.

Gelingt dies, müssen alle Spieler in ihrer momentanen Position verharren. Der Fänger wirft den Ball aus dem Stand zurück in das Feld der Gegner.

Ziel des Spiels ist eine Spielerreduktion. Kann der Ball nicht von einem Spieler gefangen werden, scheidet dieser aus dem Spiel aus. Sieger ist die Mannschaft, die am Ende Spieler übrig hat.

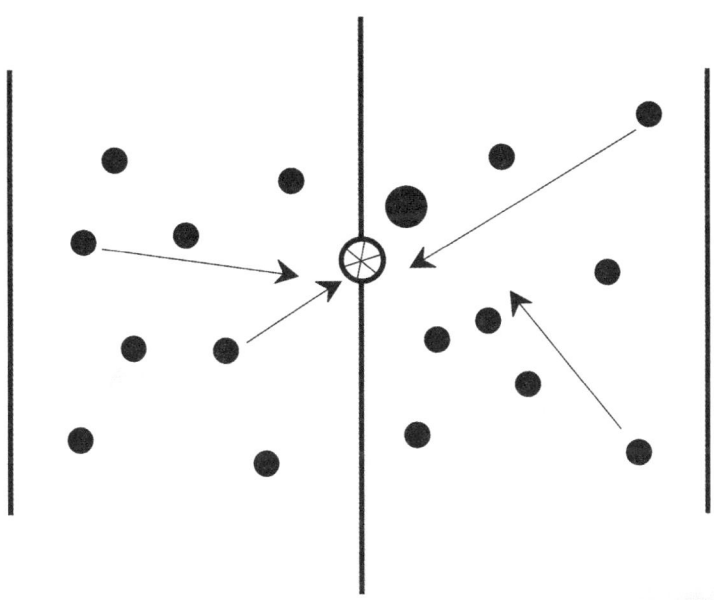

FAUSTBALL
FOLLIS PUGILATORIUS

FÜR ZEHN BIS 20 SPIELER UND EINEN SCHIEDSRICHTER

Jede Mannschaft besteht aus mindestens fünf Spielern. Das Spielfeld wird durch eine Mittellinie in zwei Spielhälften geteilt und besteht aus zwei Grundlinien. Der Ball wird mit einer Faust oder einem Unterarm gespielt.
Das Spiel beginnt, indem der Ball von der Grundlinie einer Mannschaft in das gegnerische Feld geschlagen wird.

Spielt ein Team den Ball ins Aus oder kann ein Team den Ball nicht zur gegnerischen Mannschaft zurückspielen, bekommt es einen Strafpunkt und bringt den Ball von seiner Grundlinie aus wieder in das Spiel. Gewonnen hat die Mannschaft mit den wenigsten Strafpunkten.

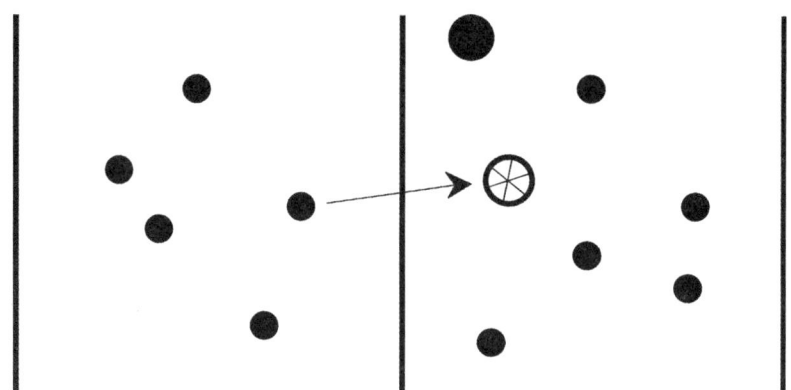

Bereits im 3. Jahrhundert vor Christus erwähnte der Dichter Platus einen „Follis Pugilatorius", d.h., er spricht von einem mit der Faust geschlagenen großen Ball. Einen weiteren Hinweis darauf, dass Faustball ein sehr altes Spiel ist, findet man auch auf einer Gedenkmünze des Kaisers Gordianus III um das Jahr 240 nach Christus: Sie zeigt drei Männer mit Faustbällen. Das römische Faustballschlagen wurde zum Nationalsport der Römer. Es gehörte neben Laufen, Schwimmen, Jagen, Speerwerfen, Ringen und Reiten zur leiblichen Erziehung eines Bürgersohnes im alten Rom.

Brennball
HARPASTUM

FÜR FÜNF BIS ACHT SPIELER

Die Spieler stellen sich in einem Kreis auf, in dessen Mitte sich ein Fänger befindet. Die Kreisspieler werfen sich den Ball zu und versuchen außerdem, den in der Mitte stehenden Spieler abzuwerfen. Der Abgeworfene scheidet aus dem Spiel aus.

Fängt er den Ball, wird er ausgetauscht und das Spiel beginnt von vorn.

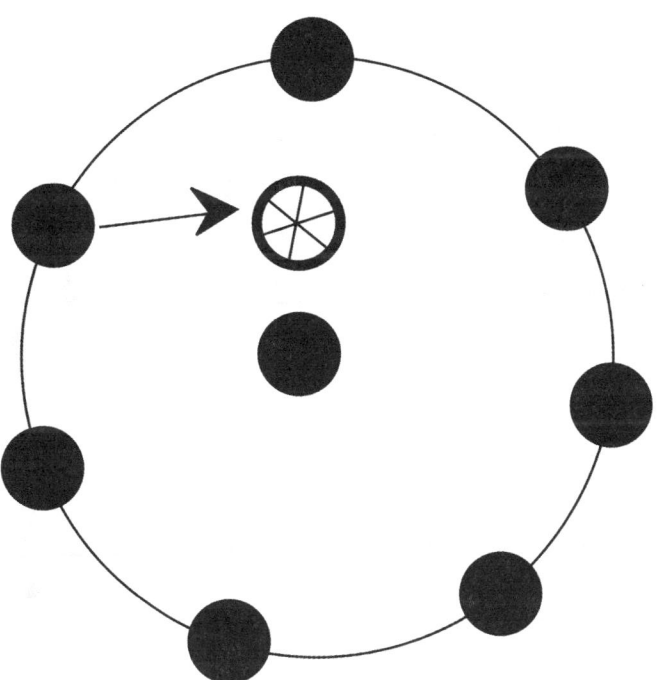

RÖMISCHES HOCKEY
KERETIZON

FÜR ZWEI SPIELER

Es werden eine Mittellinie und zehn Meter links und rechts von ihr je eine Tor-Linie markiert und man legt fest wie lange das Spiel dauern soll. Zu Beginn des Spiels legt man einen kleinen Ball auf die Mittellinie.

Jeder Spieler hält einen Stock in der Hand und versucht mit ihm, den Ball bis zur gegnerischen Tor-Linie zu bugsieren und ein Tor zu schlagen. Wer dies am häufigsten geschafft hat, ist der Gewinner.

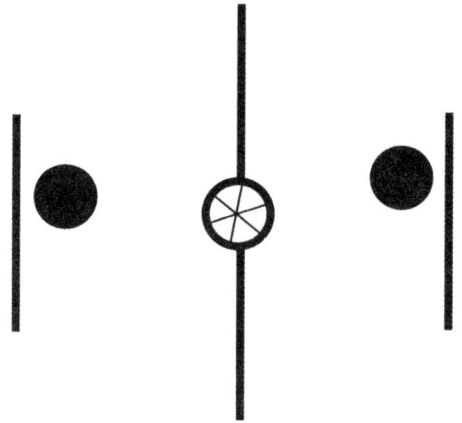

BÄLLE JONGLIEREN
PILARII

FÜR EINEN ODER AB ZWEI SPIELER

Die Spieler jonglieren mit zwei, drei oder vier Bällen. Verlierer ist, wer als erster einen oder mehrere Bälle fallen lässt. Gewonnen hat, wer am längsten mit allen Bällen jonglieren kann.

Römisches Boccia
BOCCIA

FÜR VIER SPIELER

Man benötigt eine Spielbahn, die ungefähr zehn Meter lang und zwei Meter breit ist. Zwei Mannschaften bestehen aus je zwei Spielern. Es werden acht Bälle und ein kleinerer Ball benötigt. Jeder Spieler erhält zwei Bälle. Zu Beginn wirft ein Spieler den kleinen Ball weit hinaus in das Spielfeld.

Jeder Spieler hat zwei Versuche:
Die Spieler müssen abwechselnd (von Mannschaft zu Mannschaft) ihre Bälle so dicht wie möglich an den kleinen Ball heran werfen. Dabei ist es erlaubt, gegnerische
Bälle von dem kleinen Ball wegzuschießen. Gewonnen hat die Mannschaft, die am Ende mit einem ihrer Bälle dem kleinen Ball am Nächsten liegt.

Im alten Rom wurde das Boccia-Spiel gerne betrieben. Als passionierter Spieler wurde Kaiser Augustus genannt; es wurde mit Kokosnüssen und Bocciakugeln aus Olivenholzwurzeln gespielt.

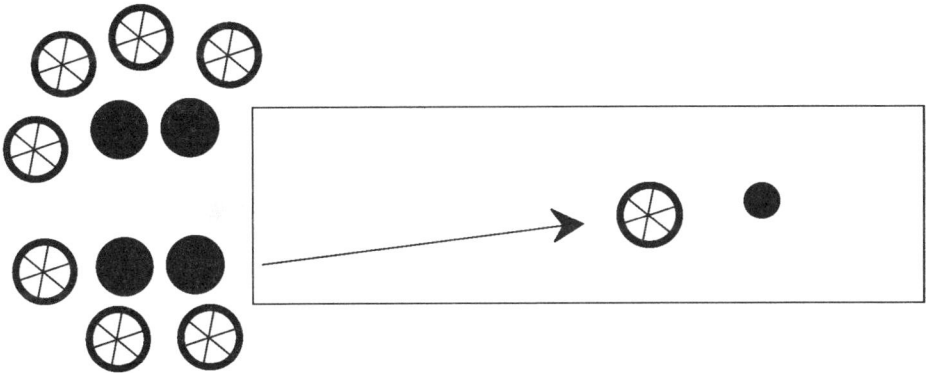

Dreierball
TRIGON

FÜR DREI SPIELER UND EINEN SCHIEDSRICHTER

Zuerst schreibt der Schiedsrichter eine Liste, auf der jeder Spieler zehn Punkte geschenkt bekommt. Die Spieler stellen sich in Form eines Dreiecks auf.

Der Ball, von der Größe eines Tennisballs, wird von einem Spieler zum nächsten Mitspieler (einem frei wählbaren) geworfen. Immer, wenn ein Spieler den Ball fallen lässt, zieht der Schiedsrichter ihm einen Punkt ab.

Das Spiel ist beendet, wenn ein Teilnehmer keine Punkte mehr hat. Gewonnen hat derjenige mit den meisten Punkten.

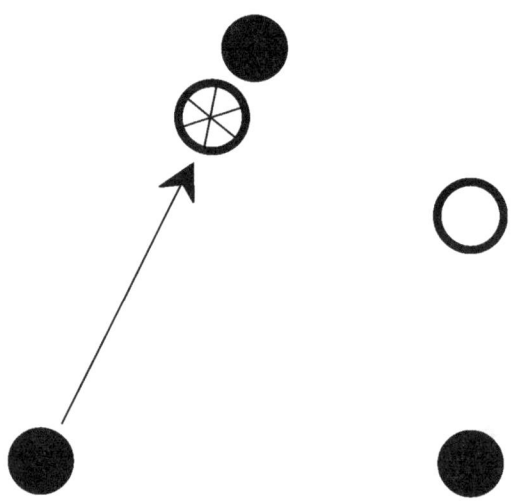

WANDSPIEL

FÜR EINEN ODER ZWEI SPIELER

Ein Spieler schlägt einen kleinen Ball mit der Hand gegen eine Wand. Wenn der Ball zurückprallt, darf er nur einmal auf dem Boden aufkommen, und der andere Spieler muss den Ball an die Wand prellen. So wechseln sich beide ab. Kann ein Spieler diesen Rhythmus nicht mehr einhalten, hat er das Spiel verloren.

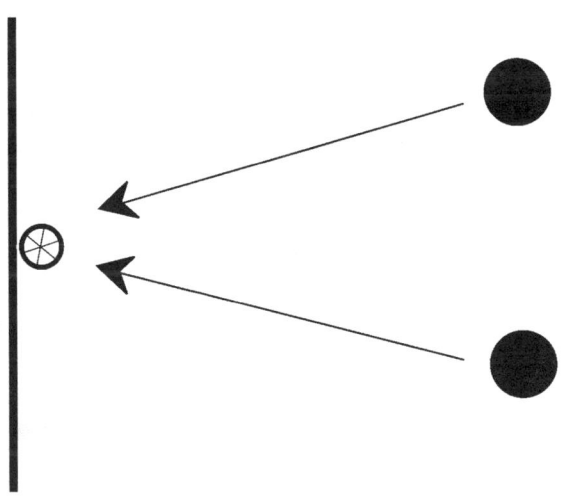

BRETTSPIELE
(LUDI TABULAE)

HISTORISCHES

D ie Römer versüßten sich ihr „Otium" (die Mußezeit, in der sie von der Arbeit ausruhten) zu einem Großteil mit Brettspielen und saßen dabei an öffentlichen Plätzen oder spielten bei sich zu Hause, bevorzugt an Tischen. Hatten zwei Spieler keine Unterlage zur Verfügung, legten sie das Spielbrett auf den Boden oder setzten sich dicht gegenüber in den Fersensitz, sodass das Brett auf den Knien beider Spieler lag. War kein Brett vorhanden, ritzten die Spieler sich die nötige Form des Brettes an dem Platz ein, an dem sie saßen. Sogar in der heutigen Zeit kann man diese Markierungen noch finden, zum Beispiel auf den Treppenstufen der Basilica Julia in Rom.

Einige historische Schriften, Bilder und archäologische Funde informieren über die Spielgewohnheiten und das Zubehör der römischen Brettspieler. Die Spielbretter waren aus Holz, Elfenbein, Marmor oder Ton gefertigt und bestanden aus mehreren horizontal und vertikal angeordneten Linien, in etwa so, wie wir es in der heutigen Zeit vom Mühlespiel kennen. Schon die Römer spielten mit Begeisterung die *Mola* (Große Mühle) und *Mola rotunda* (Kreismühle).

Zu den weiteren Brettspielen der Römer zählten das *Tabula* (Römisches Backgammon) und das Söldnerspiel, *Ludus latrunculorum,* ein Vorläufer des heutigen Schach, bei dem 32 Steine durch Schieben bewegt wurden. Der Gewinner dieses Spiels hieß „Imperator" (Kommandeur der Söldner), und wenn es vorher abgemacht war, durfte er sich auf dem Rücken des Verlierers durch die Straßen Huckepack tragen lassen.

DIE SPIELREGELN

In der überlieferten Literatur werden römische Brettspiele erwähnt. Mit Hilfe dieser Schriften war es Historikern möglich, die Regeln einiger dieser Spiele zu rekonstruieren, von denen eine Auswahl auf den nächsten Seiten vorgestellt wird.

RÖMISCHES DAMESPIEL
ALQUERQUE

FÜR ZWEI SPIELER MIT INSGESAMT 24 STEINEN

Das Spielbrett besteht aus fünf waagerechten, fünf senkrechten und sechs diagonalen Linien. In dieser Anordnung entstehen 25 Schnittpunkte (siehe Abbildung).

Jeder Spieler nutzt zwölf Steine (sechs helle und sechs dunkle). Sie werden so auf das Brett gelegt, wie es die Grafik zeigt. Der mittlere Schnittpunkt bleibt frei. Die Steine werden von Punkt zu Punkt bewegt. Durch Überspringen eines gegnerischen Steines wird dieser Stein geschlagen und aus dem Spiel genommen.

Das Schlagen eines Steines muss unbedingt ausgeführt werden, sonst wird der Stein des Spielers, der den anderen Stein schlagen könnte, vom Brett genommen. Mehrfaches Schlagen ist möglich. Sieger ist der Spieler, der als erster alle gegnerischen Spielsteine eingenommen hat.

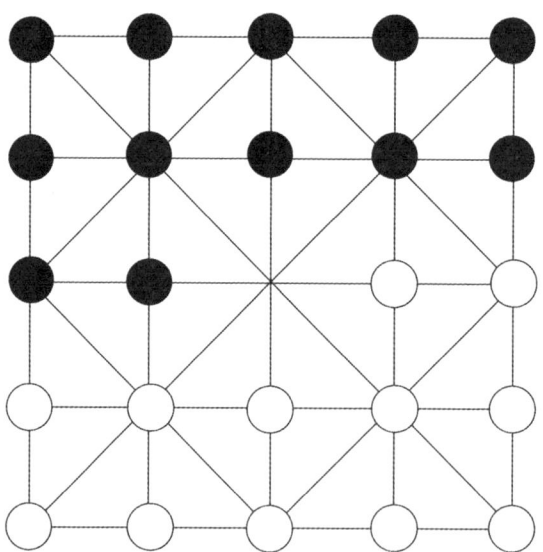

GROSSE MÜHLE
MOLA

FÜR ZWEI SPIELER MIT INSGESAMT SECHS STEINEN

Man zeichnet ein Quadrat und zieht von den Mittelpunkten der vier Seiten zwei
Linien, die sich in der Mitte kreuzen. Es entstehen vier kleine Quadrate mit
insgesamt neun Schnittpunkten: einer an jeder Ecke des großen Quadrates, einer in
der Mitte und vier weitere je an der Hälfte der Außenseiten. Jeder Spieler bekommt
drei Steine, der eine helle, der andere dunkle.

Sie setzen die Steine abwechselnd auf die Schnittpunkte und versuchen dadurch
eine waagerechte, senkrechte oder diagonale Dreierreihe zu bilden. Gelingt dies
nicht auf Anhieb, ist es erlaubt, die Steine auf den jeweils nächsten freien
Schnittpunkt zu ziehen, bis ein Spieler eine Mühle zustande gebracht hat.
Es ist auch möglich, einen gegnerischen Stein zu überspringen.

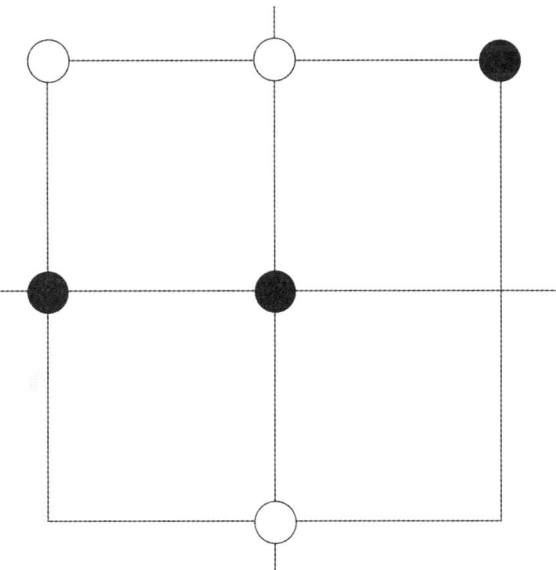

KREISMÜHLE
MOLA ROTUNDA

FÜR ZWEI SPIELER MIT INSGESAMT SECHS STEINEN

Vor dem Spiel zeichnet man einen Kreis und unterteilt ihn mit vier Linien in acht gleich große Stücke, sodass der Kreis wie ein Speichenrad aussieht. Dabei entstehen neun Schnittpunkte (acht auf dem Kreis und einer genau in der Mitte).

Die Spieler haben je drei Steine (der eine helle, der andere dunkle) zur Verfügung. Sie setzen ihre Steine abwechselnd, je einen Stein. Das Ziel, um das Spiel zu gewinnen, ist, dass man seine drei Steine auf drei Schnittpunkten auf einer Linie liegen hat und dadurch eine Mühle bildet. Es darf nicht mit den Steinen gesprungen werden,
sondern man schiebt sie nur auf einen der nächsten Schnittpunkte.

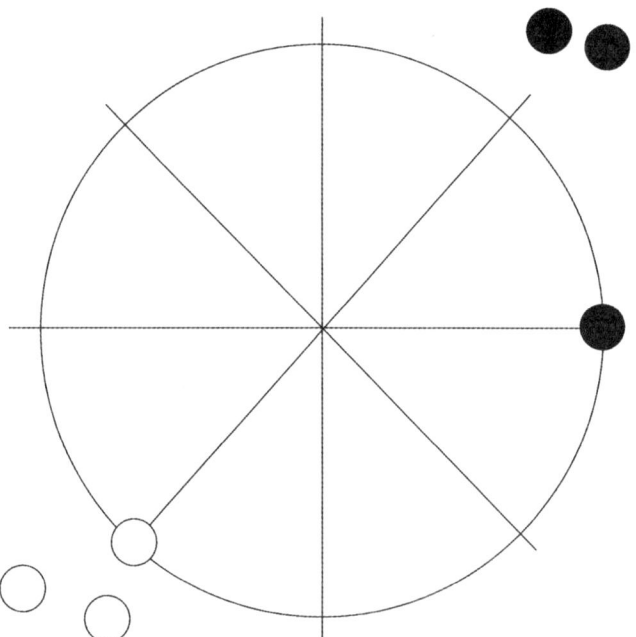

SÖLDNERSPIEL
LUDUS LATRUNCULORUM

FÜR ZWEI SPIELER MIT INSGESAMT 32 SPIELSTEINEN

Das Spielfeld besteht aus acht mal acht quadratischen Feldern. Jeder Spieler bekommt 16 Steine, der eine schwarze, der andere weiße.

Die Steine werden in je zwei geschlossenen Reihen an den gegenüberliegenden Seiten des Spielfelds angeordnet.

Abwechselnd ziehen die Spieler je einen Stein, waagerecht oder senkrecht, aber nicht diagonal, nur nach vorn. Wer einen gegnerischen Stein mit zwei eigenen Steinen umrahmt (sei es vertikal, horizontal oder diagonal), darf den gegnerischen Stein vom Feld nehmen. Das Springen mit den Steinen ist nicht erlaubt.

Gewonnen hat der Spieler, der die meisten Steine seines Gegners erbeuten konnte.

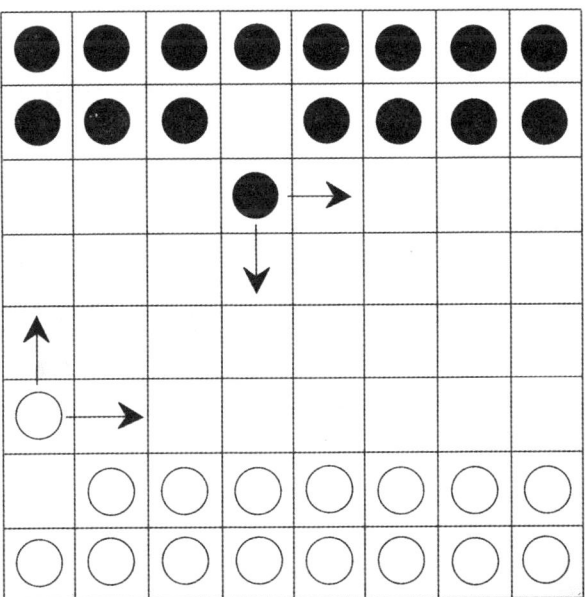

RÖMISCHES BACKGAMMON
TABULA

FÜR ZWEI SPIELER MIT INSGESAMT 24 SPIELSTEINEN UND DREI WÜRFELN

Jeder Spieler benutzt zwölf Steine, die pro Spieler eine andere Farbe haben müssen. Zu Beginn des Spiels liegen die Steine jedes Spielers so auf dem Brett, wie es in der Abbildung zu sehen ist.

Von dieser Position aus müssen die Spielsteine entgegen dem Uhrzeigersinn von Feld zu Feld durch Würfeln bewegt werden. Dabei wechseln sich die Spieler ab und dürfen jeweils einen Stein pro Würfel und der Anzahl seiner Augen bewegen. Erreicht man ein Feld, auf dem nur ein gegnerischer Spielstein steht, darf man diesen Stein in seine Ausgangsposition bringen, sodass für ihn das Spiel von Neuem beginnt.

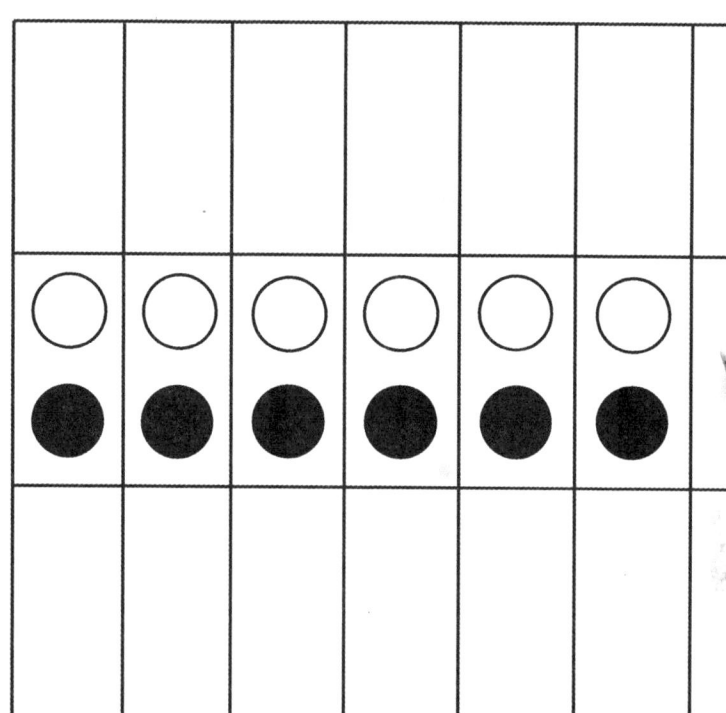

Kommt man auf ein Feld, auf dem bereits mehrere gegnerische Steine stehen, sind diese geschützt und dürfen nicht weggenommen werden.

Haben alle zwölf Steine eines Spielers die sechs Felder des unteren rechten Quadranten erreicht, müssen diese Steine durch Würfeln vom Spielfeld weichen. Auch hierbei gilt, dass man einen Stein pro Würfel und entsprechend der Anzahl seiner Augen bewegen darf.

Konnte ein Spieler alle seine Steine aus dem Spielbrett würfeln, hat er das Spiel gewonnen.

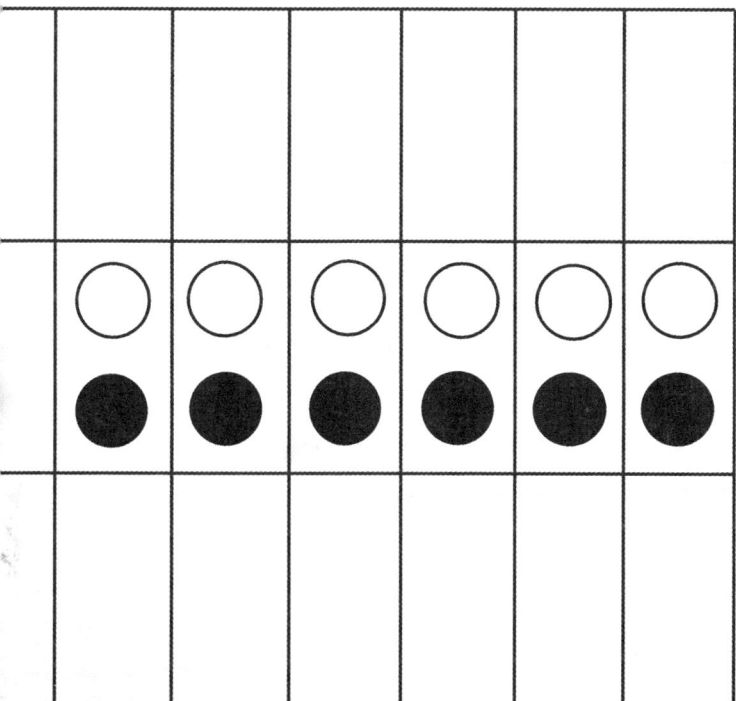

15-Steine
QUINDECIM PRIMI LAPIDARIUS

FÜR ZWEI SPIELER MIT INSGESAMT 30 STEINEN

Man braucht ein Backgammon-Spielbrett und drei Würfel.
Ziel des Spiels ist, dass jeder Spieler seine 15 Steine über die 24 Dreiecke bewegt
und aus dem Spiel hinaus würfelt.

Zu Beginn des Spiels stellt jeder Spieler seine 15 Steine (in drei mal fünf Blöcken)
auf sein Ausgangsfeld, A für Weiß, 1 für Schwarz (siehe Abbildung). Beide Spieler
würfeln einmal. Der Spieler mit den höchsten Augen beginnt.

Entsprechend den von nun an geworfenen Augen zieht Weiß mit seinen Steinen von
A nach L und anschließend von a nach l (entgegen dem Uhrzeigersinn). Schwarz
zieht genau umgekehrt, also von l nach a und dann von L nach A.

Jeder Spieler darf entsprechend der Augenzahl eines Würfels je einen Stein
bewegen, wobei der Stein, dem die niedrigste Augenzahl zugehört, als erster
gesetzt wird.
Ein Spieler darf nicht auf ein Dreieck ziehen, das bereits durch zwei oder mehr
Steine des Gegners belegt ist. Jeder Spieler kann so viele seiner Spielsteine auf
einem Dreieck platzieren, wie er möchte.

Zieht ein Spieler auf ein Dreieck mit einem einzelnen gegnerischen Stein, schlägt er
ihn. Der Stein wird zu seiner Startposition zurückgelegt, und für ihn beginnt das
Spiel von vorn.

Hat ein Spieler seine 15 Steine in das letzte Feld gebracht, beginnt er mit dem Aus-
würfeln der Steine, wobei die Augenzahl über der benötigten liegen kann.
Gewinner ist, wer als erster keinen seiner 15 Steine mehr auf dem Brett liegen hat.

Schwarz

Weiß

Feld 1 Feld 4

Feld 2 Feld 3

Schlachtbank

ZWÖLF-LINIEN
DUODECIM SCRIPTA

FÜR ZWEI SPIELER MIT INSGESAMT 24 SPIELSTEINEN UND DREI WÜRFELN

Das Spielbrett muss so angeordnet sein wie in der Grafik dargestellt.

Jeder Spieler benutzt zwölf Steine, die pro Spieler eine unterschiedliche Farbe haben müssen. Zu Beginn des Spiels liegen die Steine jedes Spielers so auf dem Brett, wie es die Abbildung zeigt.

Ausgehend von dieser Position müssen die Spielsteine entgegen dem Uhrzeigersinn von Feld zu Feld durch Würfeln bewegt werden. Dabei wechseln sich die Spieler ab und dürfen jeweils einen Stein pro Würfel und der Anzahl seiner Augen bewegen.

Achtung! Das Schlagen eines gegnerischen Steines ist verboten.

Liegen alle zwölf Steine eines Spielers auf den sechs Feldern im unteren rechten Quadranten, müssen diese Steine das Spielfeld durch Würfeln verlassen.
Auch hier gilt, dass man einen Stein pro Würfel und entsprechend der Anzahl seiner Augen bewegen darf.
Hat ein Spieler alle seine Steine aus dem Spielbrett gewürfelt, ist er der Sieger des Spiels.

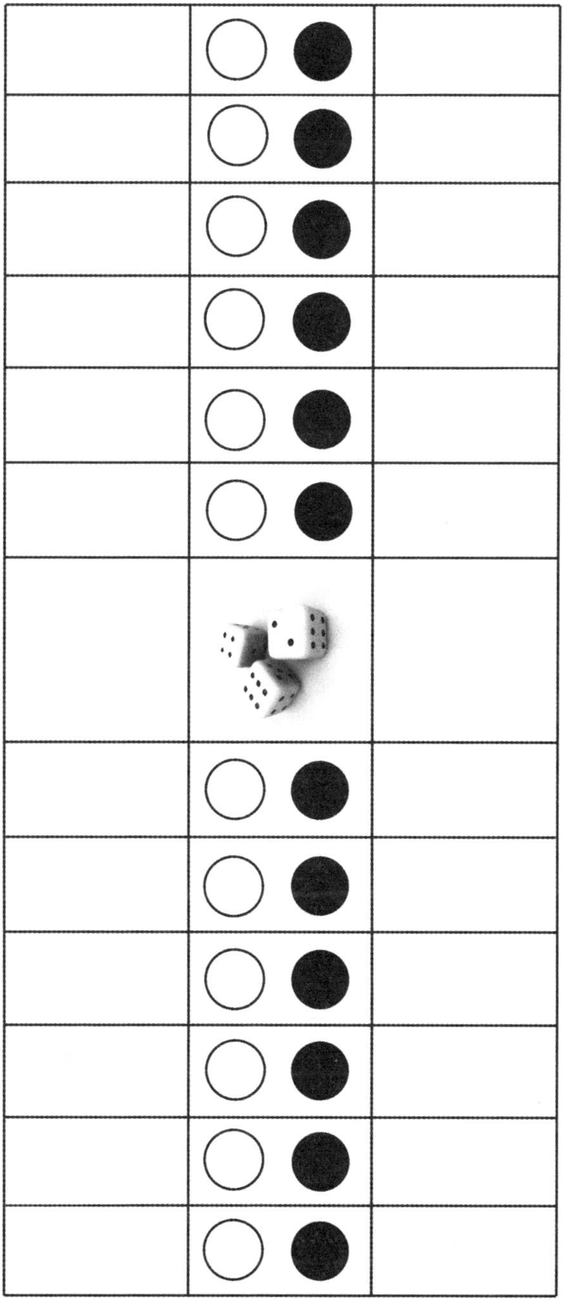

Drei Kasten

TRIS

FÜR ZWEI SPIELER MIT INSGESAMT SECHS STEINEN

Das Spielbrett besteht aus drei mal drei Kästchen. Jeder Spieler
erhält drei Spielsteine einer Farbe, wahlweise schwarz oder weiß.

Die Spieler legen abwechselnd je einen Stein auf ein beliebiges Feld. Danach dürfen sie ihre Steine zur Seite und diagonal auf je ein Feld verschieben. Das
Springen mit den Steinen ist verboten.

Gewinner ist, wer seine drei Steine als erster nebeneinander liegen hat,
egal, ob diagonal oder san einer Seite des Quadrats.

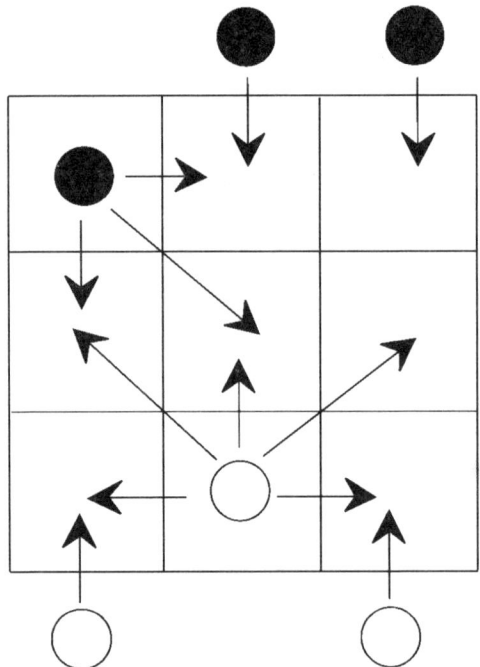

STRATEGIE-SPIEL
LUDUS MILITIUM

FÜR ZWEI SPIELER MIT INSGESAMT SECHS STEINEN

Jeder Spieler erhält 16 Spielsteine (milites), die sich jeweils in zwei Reihen (je acht Steine) an den unteren Rändern gegenüber stehen.

Die Spielsteine werden immer ein Feld vorwärts oder rückwärts gezogen. Gegnerischen Steine werden nur diagonal geschlagen (vor- oder rückwärts) und vom Spielfeld genommen. Dabei können auch mehrere Steine hintereinander mit einem Zug geschlagen werden.

Es hat derjenige gewonnen, der dem Gegenspieler alle bzw. möglichst viele Spielsteine weggenommen hat. Wenn der Gegenspieler von seinem Gegner so eingeschlossen wird, dass er sich nicht mehr bewegen kann, ist das Spiel ebenfalls gewonnen.

Bei Situationen, in denen sich beide Spieler zwar bewegen, sich aber nicht erreichen bzw. schlagen können, endet das Spiel unentschieden.

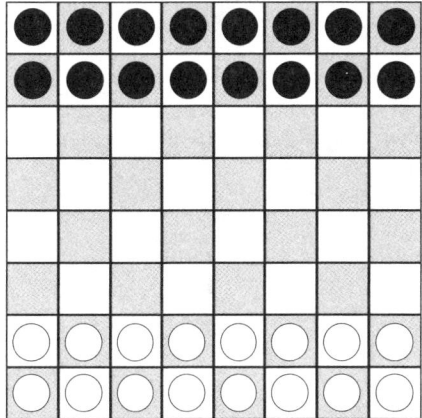
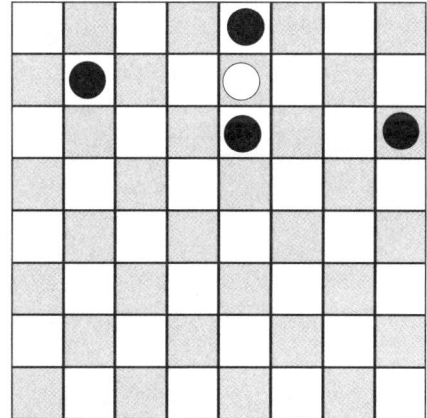

Hier geht nichts mehr – unentschieden

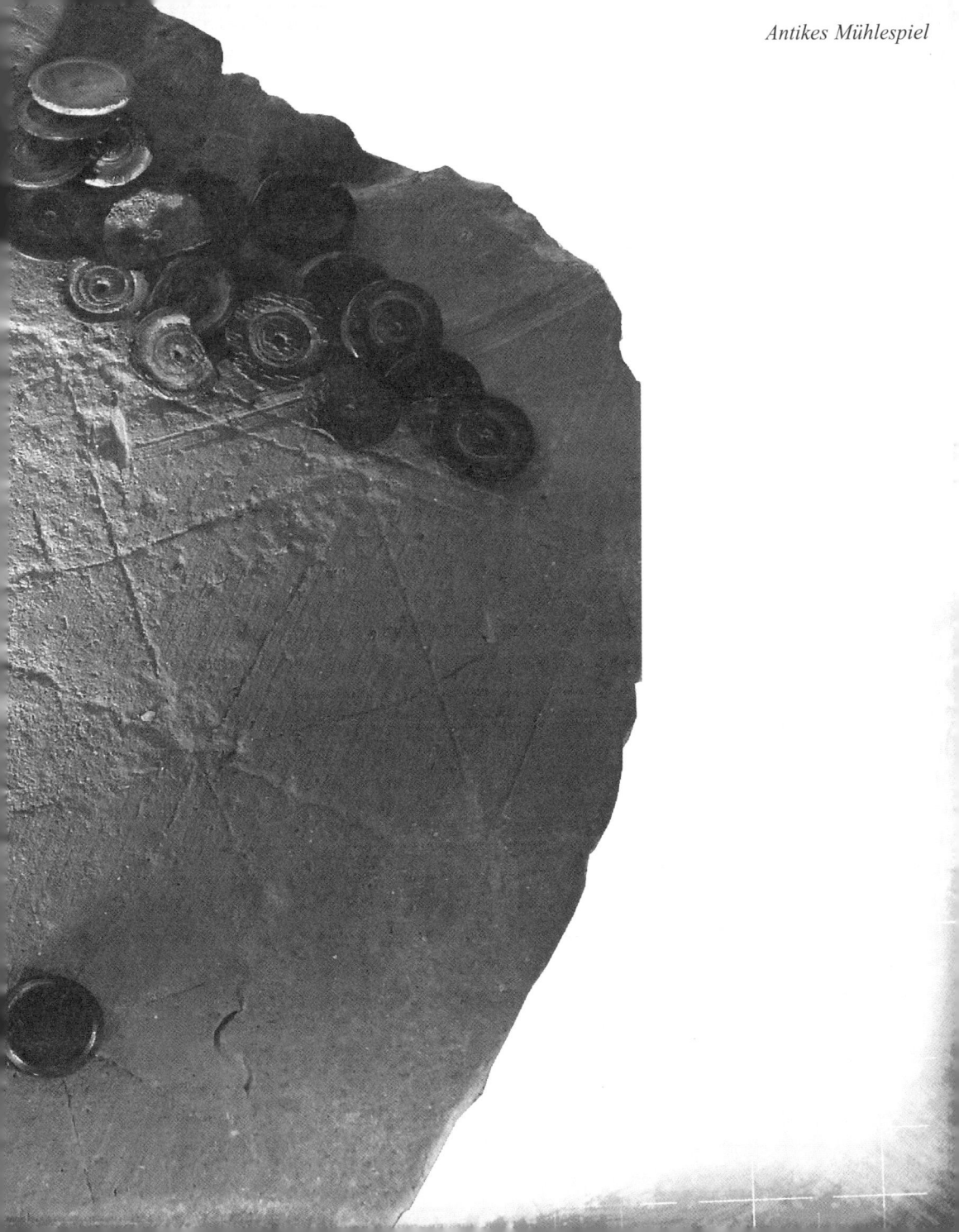

LAUF- UND FANGSPIELE
(LUDI CURRICULI CAPTATIONISQUE)

HISTORISCHES

D ie Lauf- und Fangspiele gehörten zu den Geschicklichkeitsspielen der Römer und dienten bei einem geselligen Zusammensein der Unterhaltung und dem Zeitvertreib. Zu ihnen zählten uns bekannte Spiele wie „Blinde Kuh", „Reiterkampf" und „Plumpsack". Weitere Spiele hießen *Dies et Nox* (Tag und Nacht), *Ludus Clavi* (Nagelspiel) und Urania.

Das Zubehör war so vielfältig wie die Spiele selbst. Zum Kreiseln benutzte man zum Beispiel einen zylindrischen Kreisel, der Rillen enthielt und der mit einer Schnur bewegt wurde. Die antiken Kreisel bestanden aus Blei, Bronze, Glas, Holz, Stein und Ton. Einige von ihnen trugen Verzierungen und müssen demzufolge mit großem Aufwand hergestellt worden sein. Außerdem gehörten sie zu den Spielzeugen junger Römer, die an der Schwelle zum Erwachsensein standen und für die der Kreisel eine Art Heiligtum darstellte.

Ein anderes beliebtes Spiel war das Reifenschlagen, zu dem man brusthohe Reifen aus Holz oder Bronze verwendete und sie mit einem Stock vorantrieb. Oft war dies eine Freizeitbeschäftigung von Jünglingen, die damit ihre Reife als Mann zum Ausdruck brachten. Vielleicht liegt hierin begründet, dass damals der Reifen als Attribut des römischen Liebesgottes Amor angesehen wurde.

DIE SPIELREGELN

Die Spielweisen stammen aus der wissenschaftlichen Literatur und wurden außerdem von Gemälden und Malereien überliefert, sodass Experten eine Übertragung der Spielregeln möglich geworden ist. Eine Auswahl der beliebtesten römischen Lauf- und Fangspiele mit den dazugehörigen Anleitungen finden Sie auf den nächsten Seiten.

TIGERBALL
ARENARIA

FÜR ACHT BIS ZEHN SPIELER

Benötigt wird ein Ball. Die Spieler stellen sich in einem Kreis auf, in dessen Mitte zwei Mitspieler stehen. Die Kreisspieler versuchen, die in der Mitte stehenden Spieler mit dem Ball abzuwerfen. Es gelten aber nur Treffer unterhalb der Gürtellinie. Der so Getroffene scheidet aus dem Spiel aus.

Wird ein Ball gefangen, muss der Spieler in den Kreis gehen, der diesen Ball geworfen hat und das Spiel beginnt von vorn.

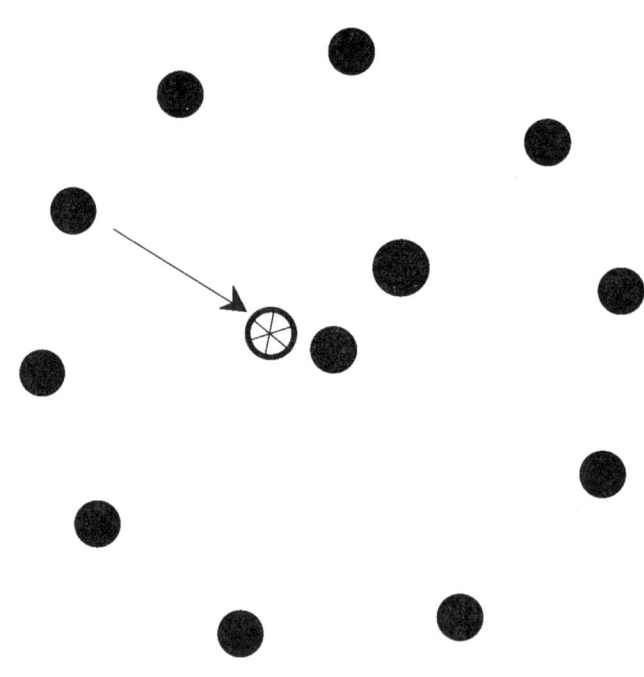

BLINDE KUH
LUDUS PUERILIS ABSCONSORIUS

FÜR VIER BIS ZWÖLF SPIELER

Jeder Spieler verwendet einen Stock, an dem Papierschlangen aus Krepp hängen.
Außerdem braucht man ein Tuch.

Einem Spieler verbindet man mit dem Tuch die Augen, die anderen bekommen die
Stöcke mit den Papierschlangen in die Hand. Sie „peitschen" die „blinde Kuh" mit
den Kreppschlangen, während sie versucht, die anderen Spieler zu fangen. Gelingt
ihr das, ist der Gefangene die nächste „blinde Kuh".

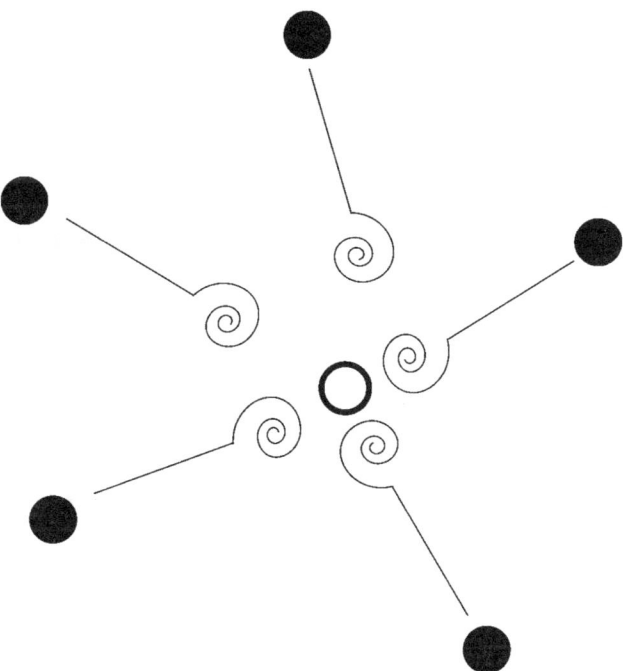

Kreisel
LUDUS RHOMBUS

FÜR ZWEI BIS SECHS SPIELER

Jeder Spieler erhält einen Kreisel und einen Stock mit einer Schnur.

Einer gibt das Kommando, und die Spieler versuchen, den Kreisel mit der Schnur
zum Drehen zu bringen. Damit das gelingt, wird die Schnur um den Kreisel
gebunden und mit Schwung vom Kreisel abgezogen.
Gewonnen hat, wessen Kreisel sich am längsten dreht.

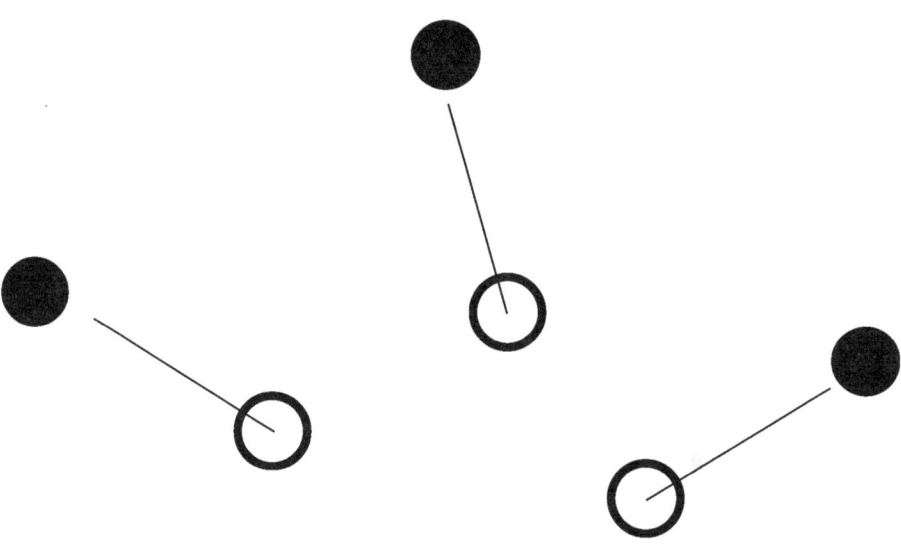

Nagel- und Seilspiel
LUDUS CLAVI

FÜR VIER BIS SECHS SPIELER

Als Spielmaterial dienen ein Hammer, ein Nagel und Seil.

Man schlägt den Nagel in die Erde und knotet das Seil an den Nagel. Ein Spieler zieht das Seil möglichst straff und hält es am zweiten Ende mit der Hand fest. Er versucht, die anderen Spieler, die um ihn herumlaufen, zu fangen, ohne dass er das Seil loslässt.

Fängt er einen Spieler, muss dieser sich an das Seil stellen und das Spiel beginnt von vorn.

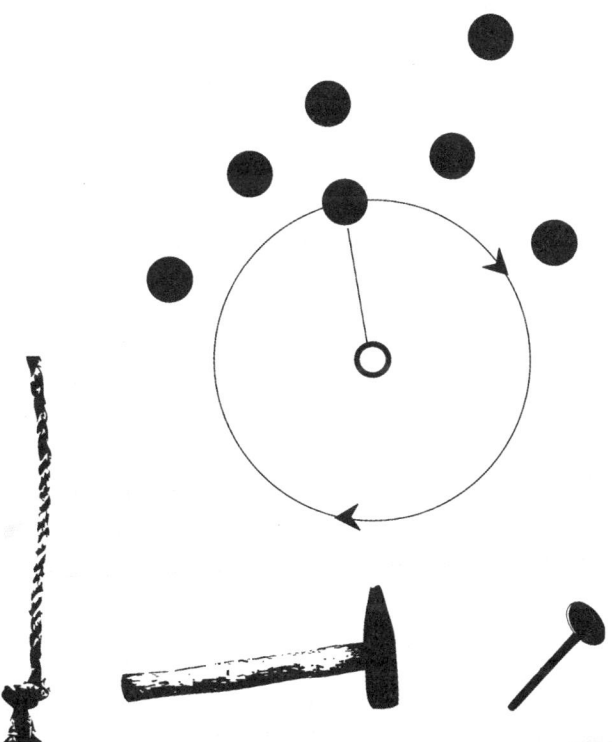

PLUMPSACK

FÜR SECHS BIS ZWÖLF SPIELER

Benötigt wird ein kleiner Stein. Ein Freiwilliger erklärt sich zum Plumpsack-Spieler, die anderen setzen sich im Kreis hin, die Gesichter sind einander zugewandt.

Der Plumpsack-Spieler nimmt den Stein in die Hand und läuft um den Kreis herum. Er lässt den Stein hinter dem Rücken eines Mitspielers fallen und geht ruhig weiter um den Kreis. Bemerkt der betreffende Spieler den Stein hinter seinem Rücken, hebt er ihn auf, behält ihn in der Hand und versucht, den Plumpsack-Spieler zu fangen. Der wiederum versucht, sich in die Lücke zu setzen, die der andere im Kreis hinterlassen hat. Gelingt ihm das, muss sein Gegner mit dem Stein im Kreis um die anderen Spieler gehen und das Spiel beginnt neu.

Schafft es der Plumpsack-Spieler, den ganzen Kreis zu umrunden, nachdem er den Stein fallengelassen hat, ohne, dass der andere den Stein hinter sich bemerkt, muss der Plumpsack-Spieler ihn antippen und der andere seinen Platz im Kreis bedingungslos hergeben, sodass beide die Rollen tauschen.

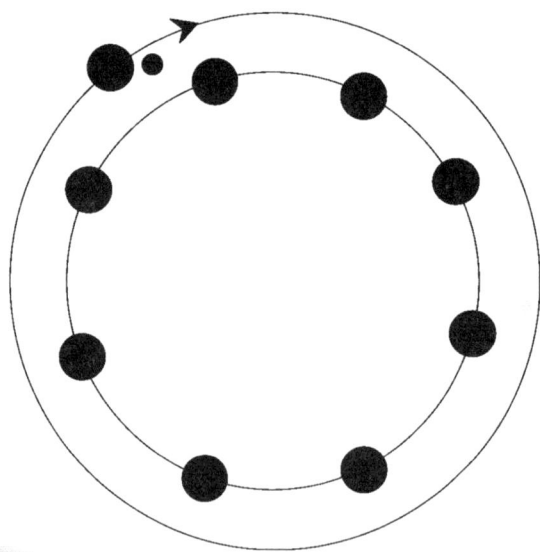

REIFENSCHLAGEN
CIRCULUS VOLVENDUS

FÜR ZWEI BIS VIER SPIELER UND EINEN SCHIEDSRICHTER

Für dieses Spiel werden pro Spieler je ein Stock, ein Spieß und ein Hula-Hoop-Reifen benötigt. Vor dem Spiel müssen die Spieße in 20 Meter Entfernung vom Startpunkt als Markierung in die Erde gestochen werden.

Die Spieler stellen sich auf und treiben mit ihrem Stock ihren Reifen um die Markierung herum und zurück zum Anfangspunkt des Spiels. Der Schiedsrichter beobachtet, in welcher Reihenfolge die Spieler durchs Ziel kommen.

Sieger ist, wer dies als Erster schafft.

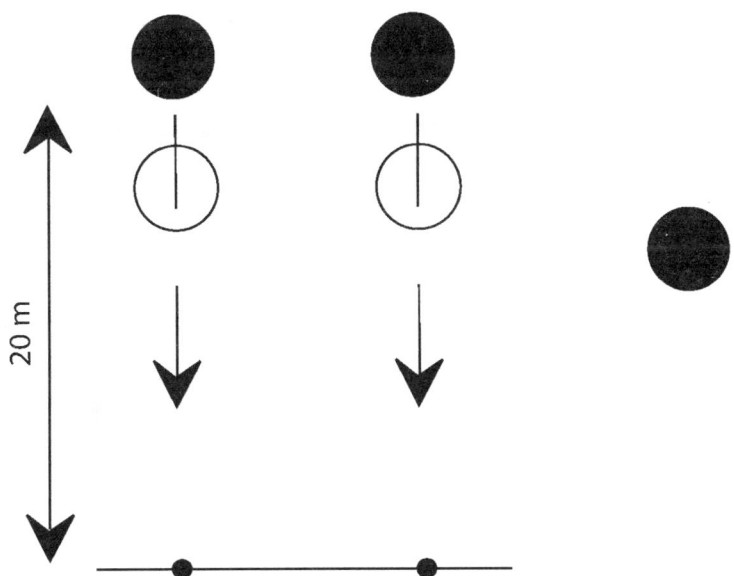

REITERSPIEL
LUDUS EQUESTER META ATTACTA

FÜR VIER SPIELER

Vor Spielbeginn wird auf einer Strecke von zehn Metern eine Markierung als Zielpunkt gesetzt. Man braucht außerdem zwei Tücher. Es werden zwei Teams mit je zwei Spielern gebildet, von denen je einer die Augen verbunden bekommt und seinen Kameraden Huckepack nimmt.

Auf Kommando laufen die Mannschaften bis zur Markierung und wieder zurück zum Ausgangspunkt, wobei die Reiter ihr Pferd dirigieren müssen.

Das Team, das als erstes wieder am Startpunkt ankommt, hat gewonnen.

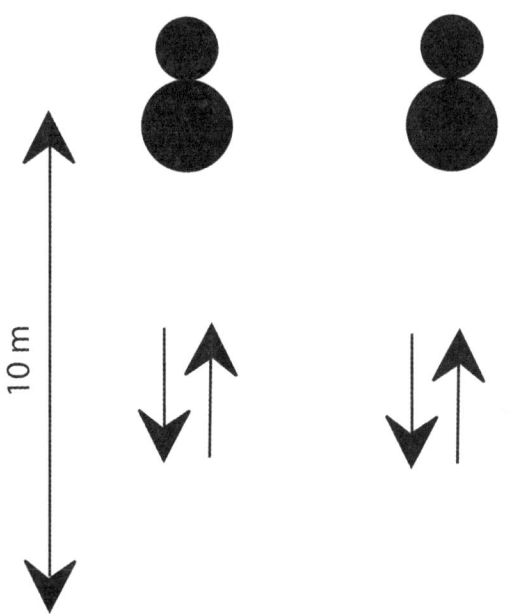

10 m

TAG UND NACHT
DIES ET NOX

FÜR 20 SPIELER UND EINEN SCHIEDSRICHTER

Zum Spielmaterial gehört eine Münze. Die Spieler werden in gleich große Mannschaften eingeteilt. Der Schiedsrichter bestimmt, welche Seite der Münze zu einer Mannschaft gehört. Beide Teams stellen sich in die Mitte eines Spielfeldes mit dem Rücken zueinander.

Der Schiedsrichter wirft die Münze und nennt die Seite, die obenauf liegt. Das Team, dessen Seite genannt wurde, dreht sich schnell um und fängt die gegnerischen Spieler, die wegrennen. Deren Ziel ist eine zuvor markierte Linie.

Jeder Spieler, der vor Erreichen der Linie gefangen wird, gilt als Punktgewinn der Fänger-Mannschaft. Dann wird ein neues Spiel gestartet. Wird es noch mehrmals gespielt, wird jedes Team auch einmal Fänger sein. Sieger ist die Manschaft mit den meisten Punkten.

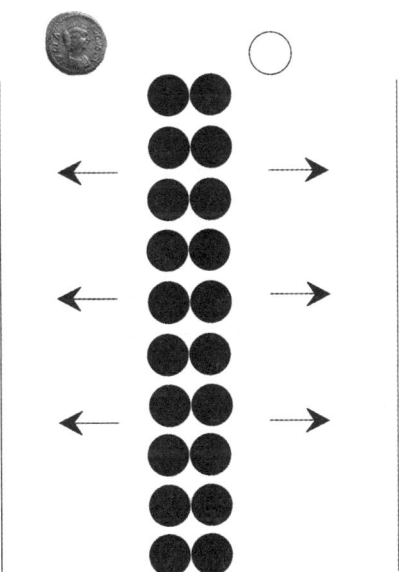

DER HIMMELSWURF
URANIA

FÜR ZWEI BIS ACHT SPIELER

Pro Spieler wird ein Ball benötigt. Jeder von ihnen wirft den Ball so hoch wie
möglich nach oben. Wer ihn nicht wieder auffangen kann, scheidet aus dem
Spiel aus.

Sieger ist, wer den Ball immer gefangen hat.

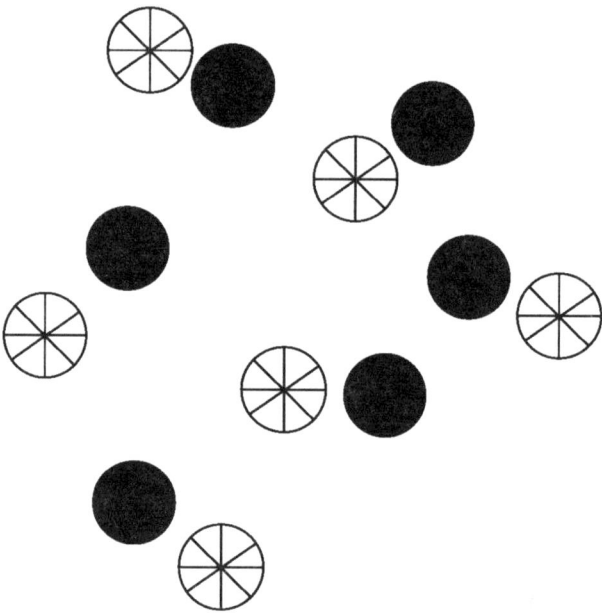

63

NUSS-SPIELE
(LUDI NUCUM)

HISTORISCHES

Die römische Spielkultur zeichnete sich durch großen Ideenreichtum aus.
So waren es auch Gegenstände des Alltags, zum Beispiel Nüsse oder Steine,
welche die Römer als Spielzeug nutzten. Nüsse gehörten zu den verbreiteten
Nahrungsmitteln, kamen in der Natur vor und konnten leicht beschafft werden.

Vor allem bei Kindern stand das Spielen mit Nüssen an erster Stelle. Der römische
Dichter Martial umschrieb die Beliebtheit dieser Spiele mit folgenden Worten:
„Traurig lässt der Knabe die Nüsse liegen, wenn er vom Lehrer wieder in den
Unterricht gerufen wird."

Die Kinder konnte man im Freien oder zu Hause beim Nuss-Spiel beobachten. Das
Besondere war das Zurschaustellen der Geschicklichkeit. Mit Nüssen wurden Pyra-
miden gebaut und durch einen Nusswurf zerstört (das Spiel heißt *Ludus
castellorum*) oder man rollte eine Nuss eine schiefe Ebene hinunter, um eine am
Boden liegende Nuss zu treffen *(Ludus tabulae obliquae)*. Eine ähnliche Treffübung
gab es beim *Orca-Spiel,* bei dem man Nüsse aus einiger Entfernung in ein
Gefäß warf.

Stand man an der Schwelle zur Jugend, war das Nuss-Spiel verpönt. Dies zeigt der
Ausspruch „Nuces relinquere", frei übersetzt: „die Nüsse hinter sich lassen", was
das Ende der Kindheit bedeutete.

DIE SPIELREGELN

Als Quellen für die Nuss-Spiele dienen Abbildungen von Sarkophagen, Vasen und
Wandmalereien. Außerdem geben Schriften römischer Gelehrter wie Horaz, Ovid
und Platon Auskunft über die Nuss-Spiele der Antike. Hinzu kommen Funde von
Archäologen, die Spielzubehör in Gräbern entdeckten. Aus diesen Informationen
konnten zu einem Großteil die Regeln der Nuss-Spiele abgeleitet werden.
Die bekanntesten dieser Spiele werden auf den folgenden Seiten vorgestellt,
damit Sie einen Einblick in die Welt der römischen Nuss-Spiele bekommen und
diese nachempfinden können.

DREIECK
LUDUS DELTA

FÜR ZWEI BIS VIER SPIELER

Vor Spielbeginn zeichnet man auf den Boden ein spitzwinkliges Dreieck, das in zehn Felder mit Zahlen von I bis X (die I beginnt unten links, die X steht ganz oben) eingeteilt wird. Jeder Spieler erhält fünf Wal- oder Haselnüsse.

Von einer zuvor markierten Startlinie aus werfen die Spieler nacheinander ihre Nüsse in das Dreieck und versuchen, dabei in ein Feld mit einer hohen Zahl zu treffen. Nüsse, die auf einer Trennlinie oder außerhalb des Dreiecks liegen, zählen keinen Punkt

Der Spieler mit den meisten Punkten hat gewonnen.

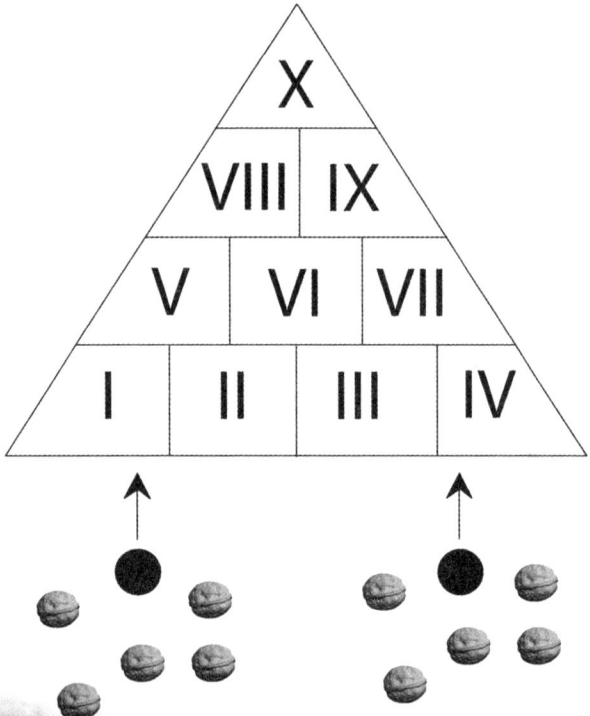

KASTELLSPIEL
LUDUS CASTELLORUM

FÜR EIN BIS VIER SPIELER

Vor Beginn wird die Anzahl der Spielrunden, zum Beispiel zehn, festgelegt. Jeder Spieler erhält vier Walnüsse, mit dreien davon legt jeder ein enges Dreieck. Die vierte Nuss wird aus einiger Entfernung auf das Dreieck geworfen und muss auf dem Nuss-Dreick liegen bleiben.

Wem dies am meisten geglückt ist, der hat gewonnen.

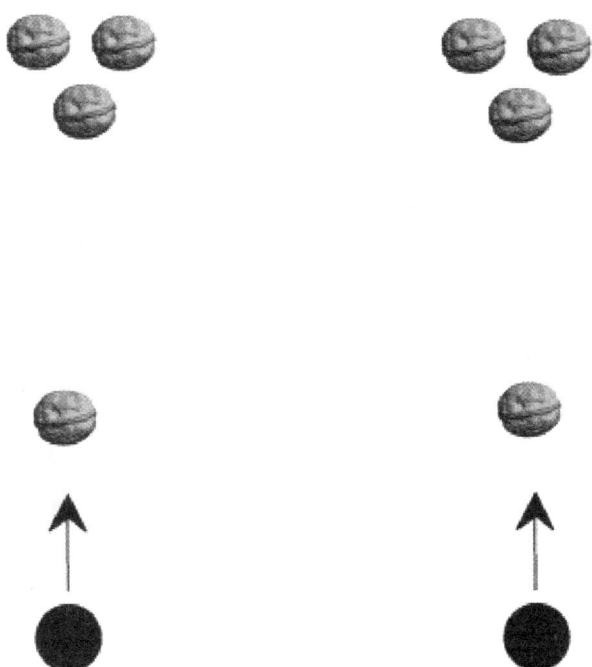

KEGELFALLEN
LUDUS CONORUM

FÜR ZWEI SPIELER

Man braucht neun kleine Kegel, ein aufstellbares Tor und eine Kokosnuss.
Das Tor sollte mindestens doppelt so groß sein wie die Kokosnuss.
Zuerst stellt man das Tor auf, dahinter in beliebiger Reihenfolge die Kegel.
In ein paar Meter Entfernung wird vor dem Tor eine Startlinie markiert.
Jeder hat zwei Versuche, muss die Nuss durch das Tor kullern lassen und versucht
dabei, so viele Kegel wie möglich umzustoßen. Pro umgefallenen Kegel
gibt es einen Punkt.

Gewinner ist, wer die meisten Kegel umgestoßen hat.

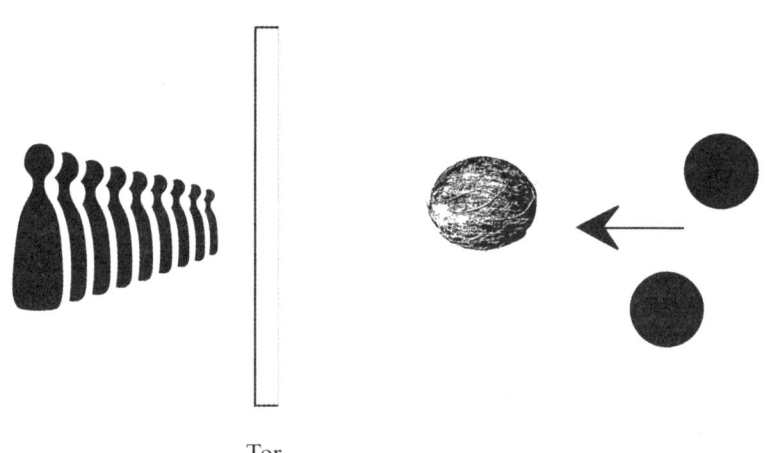

Tor

Nüsse fangen
NUCUM CAPTARE
FÜR ZWEI BIS VIER SPIELER

Man hält für jeden Spieler vier Hasel- oder Walnüsse bereit. Die Spieler nehmen alle ihre Nüsse in die Hand, werfen sie hoch und fangen sie wieder auf.

Wer die meisten seiner Nüsse fangen konnte, hat das Spiel gewonnen.

Nüsse versenken
TROPA
FÜR ZWEI BIS VIER SPIELER

Vor Spielbeginn gräbt man zehn Mulden in die Erde. Alle Spieler erhalten je zehn Nüsse. Sie versuchen nacheinander von einer zuvor festgelegten Startposition aus je eine Nuss in eine Mulde zu rollen.

Gewinner ist, wer die meisten Nüsse in den Löchern versenkt hat.

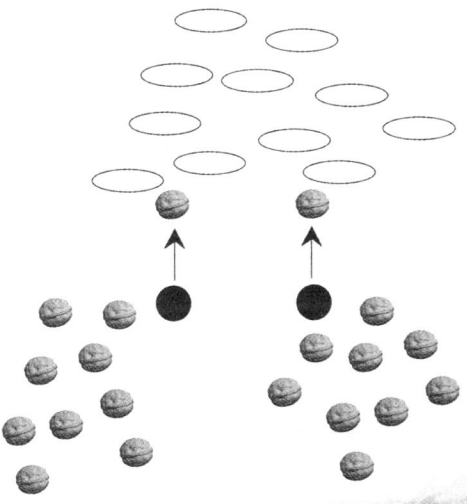

Murmeln mit nüssen
OMILLA

FÜR ZWEI SPIELER

Jeder Spieler erhält fünf Walnüsse. Man zeichnet einen Kreis in die Erde und in einiger Entfernung vor ihm eine Startlinie, von der aus die Spieler abwechselnd ihre Nüsse in den Kreis werfen.

Die Spieler sollen die Nüsse ihres Gegners aus dem Kreis schlagen und dürfen diese behalten. Sieger ist, wer am Ende die meisten Nüsse für sich verbuchen kann.

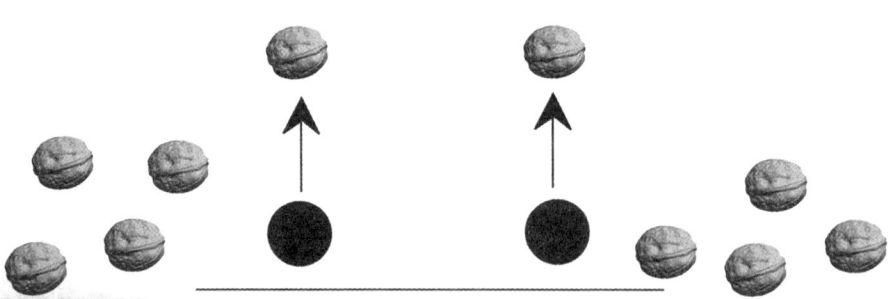

Nüsse in den Topf
LUDUS ORCA

Für zwei bis vier Spieler

Zum Spielzubehör zählen pro Spieler fünf Walnüsse und ein Gefäß,
am besten eine Vase. Sie wird in einiger Entfernung von den Spielern aufgestellt.

Jeder postiert sich an einer vorgezeichneten Startlinie, und nacheinander
wird versucht, die eigenen Nüsse in die Vase zu werfen.

Sieger ist derjenige mit den meisten Treffern.

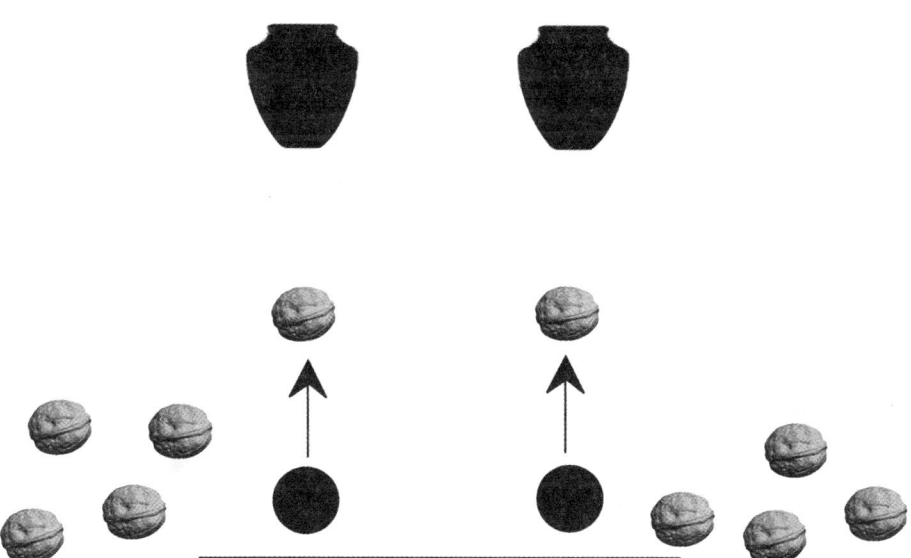

SCHRÄGE EBENE
LUDUS TABULAE OBLIQUAE

FÜR ZWEI SPIELER

Benötigt werden eine schiefe Ebene, und pro Spieler zehn Walnüsse, es sollten
weitere zehn Nüsse zur Verfügung stehen.

Man legt eine Nuss vor die Ebene und die Spieler rollen jeweils abwechselnd,
insgesamt zehn Mal, eine Nuss von der Ebene hinunter. Sie versuchen die liegende
Nuss zu treffen. Wer dies schafft, darf diese Nuss wegnehmen und behalten.

Es wird eine neue Nuss vor die Ebene gelegt und das Spiel geht weiter. Trifft man
die Nuss nicht, bleibt sie vor der Ebene liegen und man behält seine Nuss, die man
zum Hinunterrollen benutzt hat.

Gewinner ist, wer am Ende die meisten Nüsse zählt.

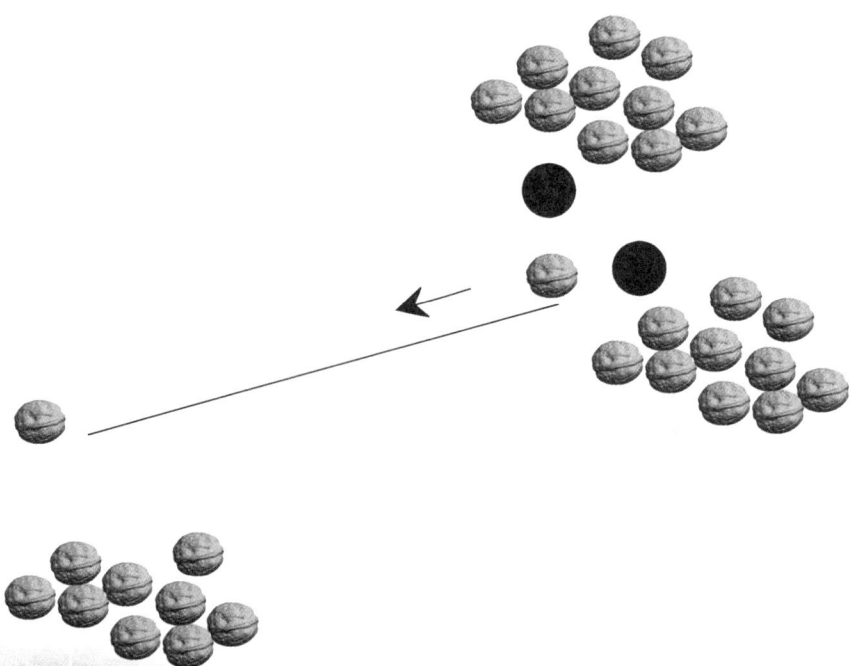

NUSS-TÜRME
NUCES CASTELLATAE
FÜR ZWEI UND MEHR SPIELER

In unterschiedlicher Entfernung von einer Standlinie (zwei, vier und fünf Meter) werden fünf kleine Häufchen aus Walnüssen errichtet. Die Häufchen bestehen aus vier Walnüssen. Auf jeweils drei Walnüssen liegt die vierte Nuss.

Jeder Spieler bekommt fünf Walnüsse. Er muss mit fünf Würfen versuchen, die Walnusshäufchen auseinander zu treiben. Alle Walnüsse, die er trifft, behält er. Danach werden die Nußhäufchen wieder ergänzt und der nächste Spieler darf sein Glück versuchen. Jeder nimmt nun seine eigenen fünf Walnüsse wieder an sich.

Wer nach 5 Runden die meisten Walnüsse zusätzlich hat, ist Sieger.

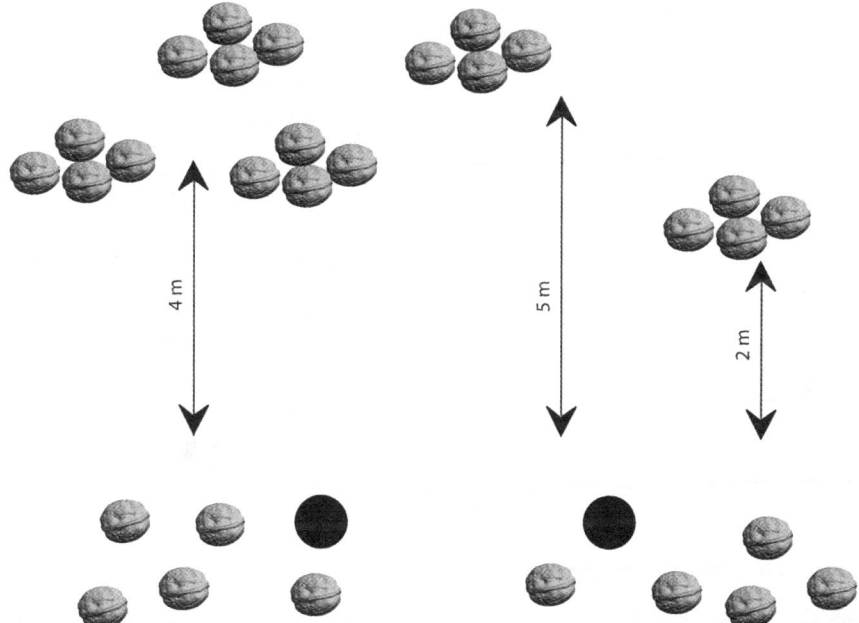

WÜRFELSPIELE
(LUDI ALEA)

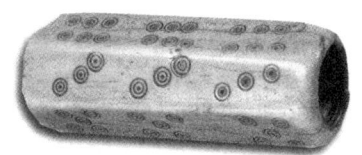

HISTORISCHES

Würfelspiele waren bei allen Gesellschaftsschichten der Römer beliebt.
Zu Hause, in Wirtshäusern und auf der Straße traf man sich und spielte
meistens mit drei Würfeln um Geld, Kleidungsstücke und andere Sachwerte.

Die Aleae, so hießen die Würfel, waren bereits mit der uns heute bekannten Augen-
anordnung markiert. Es gab kleine und stabförmige Würfel mit sechs, acht oder
zwölf Seiten und sogar Würfelkreisel, die nach dem Drehen auf einer Seite liegen
blieben (zu sehen im Mailänder Museo Teatrale alla Scala). Eine Besonderheit
waren Würfel in Figurenform, die eine Markierung der Würfelaugen am Kopf, an
den Armen und am Bauch besaßen.

Die Würfel bestanden aus Bernstein, Bronze, Elfenbein, Glas, Gold, Holz, Knochen
und auch Ton. Da den Römern das Würfelspiel heilig war, nutzten sie Würfelbecher
und bauten Würfeltürme, um ein Schummeln auszuschließen.
Die Türme fertigten sie mit einer Art Treppe, die nach außen führte. Die Würfel
wurden in den oben offenen Turm geworfen, kullerten hinaus, und man las die
Anzahl der Augen ab.

Zwei dieser Türme haben die Antike überdauert: Ein hölzerner befindet sich im
Ägyptischen Museum in Kairo, ein bronzener ist im Rheinischen Landesmuseum
Bonn zu besichtigen. Er wurde 1985 in einer römischen Villa in
Vettweiß-Froitzheim entdeckt. UTERE FELIX VIVAS, „spiele (benutze ihn) und
lebe glücklich", steht als Inschrift an diesem Turm geschrieben, ein mutiger Satz,
wenn man bedenkt, dass das Würfelspiel, ein Glücksspiel, bei den Römern per
Gesetz verboten war, außer an Saturnalien, einem Fest, das zu Ehren des Gottes
Saturn eine Woche lang im Dezember gefeiert wurde.

DIE SPIELREGELN

Überliefert ist, dass die Römer ihren Würfen Namen gaben, zum Beispiel von
Herrschern, Tieren und Gottheiten. Der beste Wurf (der mit den meisten Augen)
wurde „Venuswurf" genannt. Das Gegenteil hieß „Canis" = Hundswurf. Außerdem
galt in der Regel derjenige als Sieger, der am Ende eines Spiels die meisten Augen
hatte. Er bekam von seinen Gegnern die Summe ihrer Spielaugen in Geld ausbe-
zahlt oder erhielt einen vorher festgelegten Preis.

DAS GESCHENK
DONUM

FÜR 5 BIS 10 SPIELER

Als Spieleinsatz muss jeder einen Gegenstand, den er entbehren oder verschenken kann, auf den Tisch legen.

Die Spieler würfeln jeweils mit einem Würfel, nacheinander einmal. Wer eine Sechs wirft, darf sich einen der Gegenstände, die auf dem Tisch liegen, das Geschenk, aussuchen und behalten. Bleiben Sachwerte übrig, dürfen die jeweiligen Eigentümer es wieder an sich nehmen.

DER PREIS
PALMA

FÜR 4 BIS 8 SPIELER

Der Preis muss zuvor vereinbart werden und liegt auf dem Spieltisch
(in der heutigen Zeit zum Beispiel eine Tüte Gummibärchen, Erdnüsse oder Chips).

Man benötigt außerdem mindestens 200 Streichhölzer, die um den Preis herum
gelegt werden. Die Spieler würfeln mit einem Würfel nacheinander.

Jeder darf so viele Hölzer nehmen, wie er Augen würfelt. Der Spieler, der für die
letzten Streichhölzer die passende Augenzahl wirft, gewinnt den Preis.

Einauge
UNUS LUMEN

FÜR 5 BIS 10 SPIELER

Pro Runde würfeln die Spieler nacheinander,
jeder einmal mit drei Würfeln.
Ziel ist es, eine oder mehrere Einsen auf einen Streich zu
werfen. Gewonnen hat, wer pro Runde die meisten Einsen
bekommen hat.

Bei einem Unentschieden gibt es einen
„Stechwurf", der über Sieg oder Niederla-
ge entscheidet. Bringt auch der nichts,
gibt es keinen Sieger.

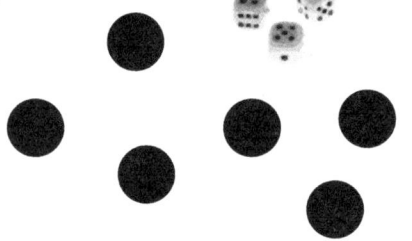

Einsatz
CONTENTIO

FÜR 5 BIS 10 SPIELER

Jeder bekommt zehn 1-Cent-Stücke und würfelt einmal, reihum. Erhält ein Spieler
eine Eins, gibt er einen Cent an den rechten Nachbarn ab, würfelt er eine Zwei,
bekommt der linke Nachbar das 1-Cent-Stück.

Bei einer Sechs legt der Spieler das Geldstück in die Mitte des Tisches.

Sieger ist, wer als erster kein Geld mehr hat.

EINS, ZWEI, DREI
UNIO, DUO, TRES

FÜR ZWEI BIS SECHS SPIELER

Drei Würfel sind im Spiel, jeder würfelt einmal reihum mit ihnen. Das Ziel ist es, mit einem Wurf die Augen eins, zwei und drei zu werfen. Sieger ist, wem das als Erstem gelingt.

GERADE
PAR

FÜR VIER BIS ZEHN SPIELER

Vor Spielbeginn legt man einen Stift, einen Würfel und Papier bereit.

Die Anzahl der Spielrunden wird vereinbart. Die Spieler würfeln nacheinander, aber jeder darf dies so lange tun, wie er gerade Zahlen (zwei, vier und sechs) wirft und addiert diese. Erhält er eine ungerade Zahl, verfallen alle gesammelten Punkte.

Gewinner ist derjenige mit den meisten Punkten.

GLÜCKSHAUS
DOMUS FORTUNAE
FÜR FÜNF BIS ZEHN SPIELER

Drei Würfel sind im Spiel. Bereitgestellt wird außerdem ein Haufen Nüsse (mindestens 100). Vor Spielbeginn schüttet man auf einem Tisch die Nüsse aus.

Vereinbart werden zwei Spielrunden. Die Spieler würfeln reihum, jeder einmal, und jeder darf seiner Augenzahl entsprechend Nüsse nehmen.

Wer am Ende die meisten Nüsse zählt, hat gewonnen.

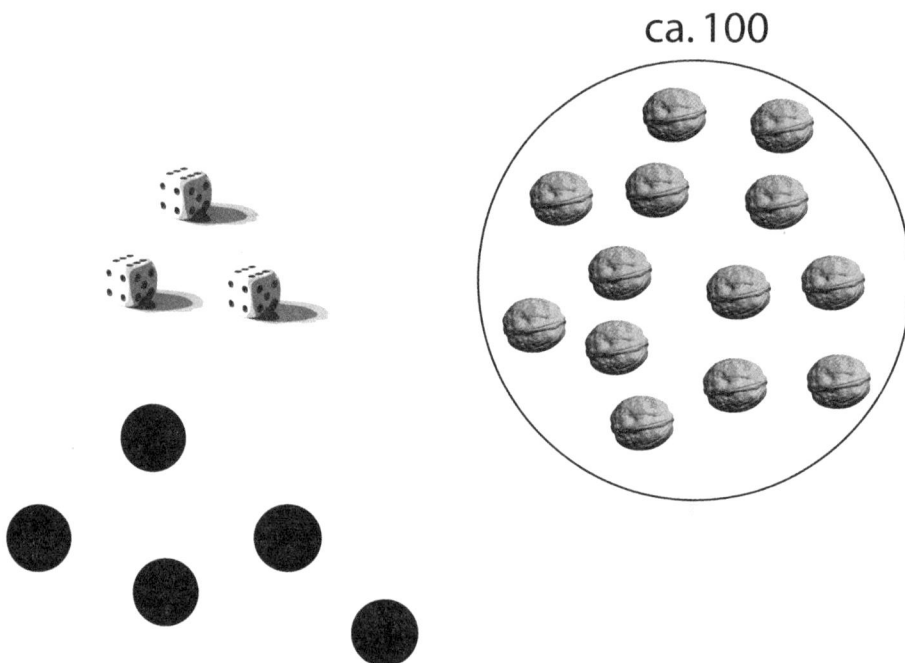

ca. 100

GUTHABEN UND MIESE
PLUS – MINUS
FÜR VIER BIS ZEHN SPIELER

Benötigt werden ein Stift und Papier. Zu Beginn wird die Anzahl der Spielrunden festgelegt. Gewürfelt wird nacheinander, mit je drei Würfeln.

Jeder würfelt dreimal hintereinander. Die Augen werden dabei addiert. Hat ein Spieler als Ergebnis weniger als 30, schreibt er sich die Summe als Guthaben auf. Erhält er mehr als 30, bekommt der rechte Nachbar alle Punkte, die über 30 liegen, als Minus notiert und muss sie von seinem Guthaben abziehen.
Ein Beispiel: Bei 37 Punkten gibt es sieben Minuspunkte für den Nachbarn, der Spieler selbst bekommt dann keine Pluspunkte notiert. Gewinner ist, wer zum Schluss das höchste Guthaben hat.

PASCH

PASCH

FÜR VIER BIS ACHT SPIELER

Zuerst wird die Anzahl der Spielrunden festgelegt. Man benötigt einen Stift, Papier und drei Würfel. Jeder wirft die Würfel dreimal hintereinander.

Es zählen nur die Würfe mit zwei oder drei identischen Zahlen, deren Augen addiert werden. Nur die identischen Augen werden addiert. Einzige Ausnahme sind drei Einsen, die 19 Punkte zählen.

Wirft jemand keinen Pasch bei den ersten beiden Würfen, zählt nur der dritte Wurf. Alle gewürfelten Augen werden zusammengerechnet. Sieger ist, wer am Ende die meisten Punkte hat.

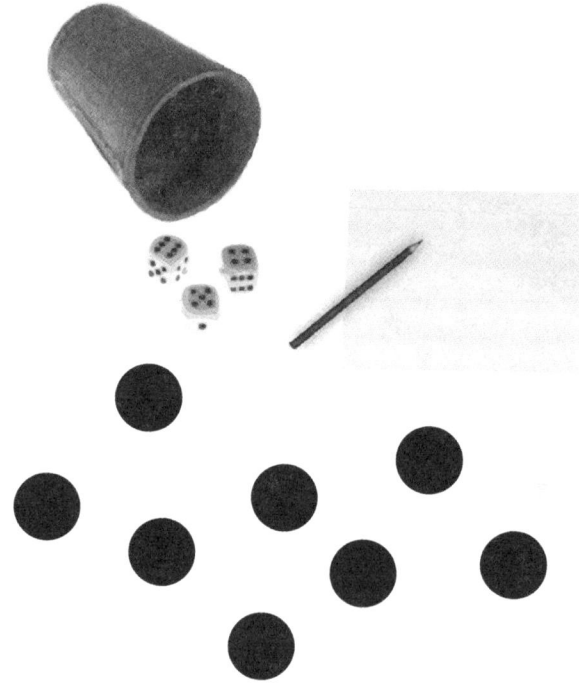

RÖMISCHES POKER

FÜR 4 BIS 10 SPIELER

Zum Spielzubehör zählen Stifte und Papier. Gespielt wird mit drei Würfeln, jeder Spieler erhält drei 10-Cent-Stücke und zahlt vor jeder Runde (drei insgesamt) ein 10-Cent-Stück in den „Pott" ein. Man würfelt reihum, jeder zwei Mal, mit allen drei Würfeln. Wer pro Runde mit einer der unten aufgeführten Würfelkombinationen die höchste Augenzahl wirft, gewinnt den Pott.

Die Würfelkombinationen:

Zweier: Zwei Würfel mit derselben Augenzahl

Dreier: Drei Würfel mit derselben Augenzahl

Straße: Drei Würfel in der aufsteigenden Reihenfolge 1, 2, 3

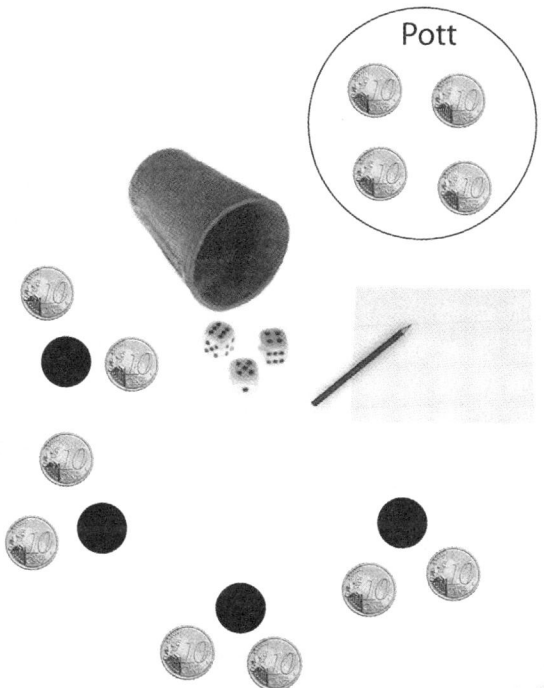

60 PLUS

FÜR VIER BIS ZEHN SPIELER

Vor dem Spiel legt man einen Stift, Papier und einen Würfel bereit und bestimmt die Anzahl der Spielrunden. Gewinner ist, wer in jeweils einer Runde am ehesten die Punktzahl 60 erreicht hat.

Der erste Spieler würfelt und darf dies so oft tun, wie er möchte, damit er an die 60 so dicht wie möglich herankommt. Die Wurfergebnisse werden addiert.Wer über 60 Punkte erreicht, scheidet aus. Sobald man eine Drei würfelt, verfallen alle bisherigen Punkte und man gibt den Würfel an den nächsten Spieler ab.

VENUSWURF
VENUS

FÜR VIER BIS ZWÖLF SPIELER

Der Preis dieses Spiels ist eine Tafel Schokolade. Jeder Spieler würfelt mit drei Würfeln einmal. Die Spieler würfeln nacheinander, so lange, bis einer als Erster drei Sechsen wirft. Er ist der Sieger und bekommt die Schokolade.

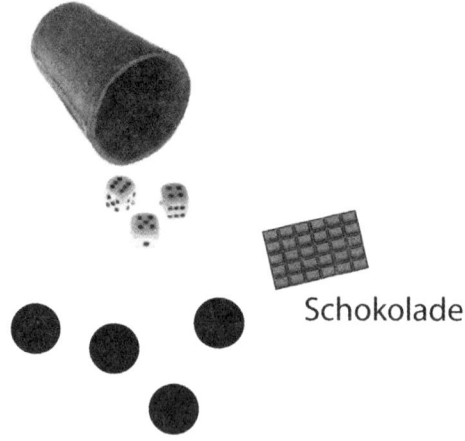

Schokolade

DER HUND
CANIS

FÜR VIER BIS ZEHN SPIELER

Jeder Spieler legt als Einsatz drei 10-Cent-Stücke vor sich hin. Gespielt wird mit drei Würfeln, jeder darf dreimal würfeln, dann ist der nächste Spieler dran. Es scheidet aus, wer drei Augen (drei Einsen) wirft; dessen drei Geldstücke werden in den „Pott" eingezahlt.

Sieger ist, wer am Ende des Spiels noch keine drei Einsen geworfen hat. Der Gewinner erhält den „Pott".

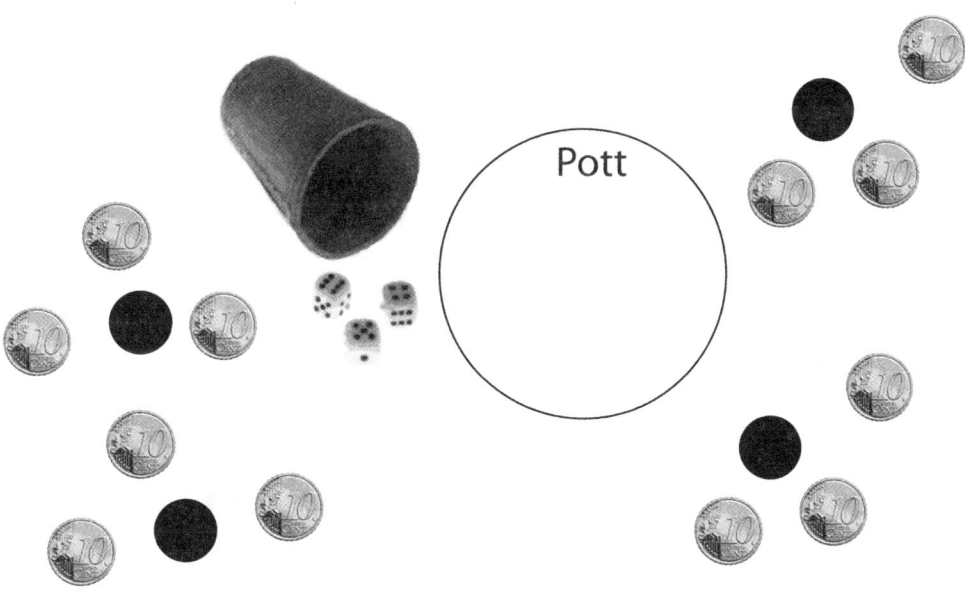

Zahltag
PAGO

FÜR VIER BIS SECHS SPIELER

Als Zubehör benötigt man einen Becher als „Pott" und einen Würfel.

Jeder Spieler bekommt 20 1-Cent-Stücke. Es wird die Anzahl der Spielrunden festgelegt. Man würfelt nacheinander.

Die Augenzahl, die jeder wirft, muss als Cent-Stücke in den Becher gezählt werden. Wer eine Sechs würfelt, darf den Topf ausleeren. Ist er bereits leer, muss man sechs 1-Cent-Stücke in den Pott zahlen. Wer kein Geld mehr hat, scheidet aus.

Derjenige, der am Ende das meiste Geld noch bei sich liegen hat, gewinnt den „Pott".

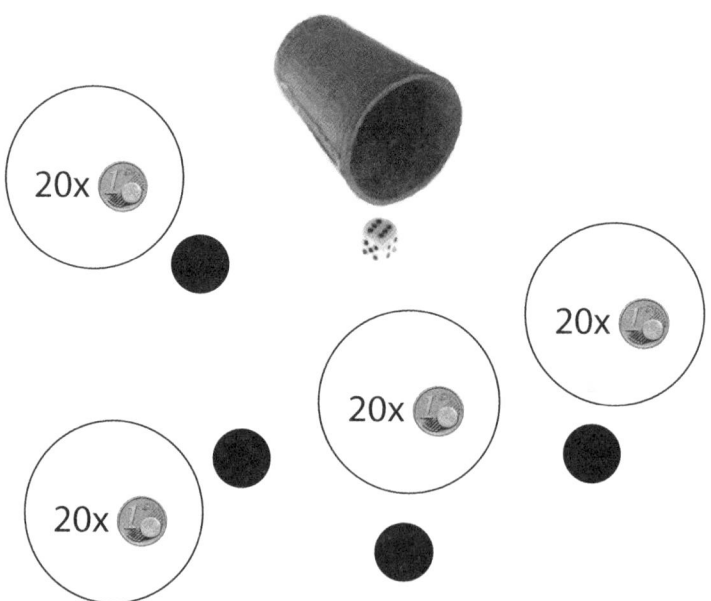

MÜNZENKULLERN
NUMMUS VOLVERE
FÜR ZWEI BIS FÜNF SPIELER

Es werden 30 Zehn-Cent-Stücke, ein Würfel und eine Papprolle benötigt.
Die Rolle muss auf einer Seite geschlossen, auf der anderen geöffnet sein.
Sie wird mit den Geldstücken gefüllt.

Das Spiel beginnt, indem ein Spieler würfelt. Er muss entsprechend der Anzahl der
Augen die Centstücke aus der Rolle kullern lassen, ohne dass die Rolle dabei auf
einer harten Unterlage abgestützt wird.

Erlaubt ist, die Rolle mit beiden Händen zu bewegen. Gelingt dies einem Spieler
nicht, scheidet er aus und der nächste spielt weiter, bis alle Centstücke
aufgebraucht sind.

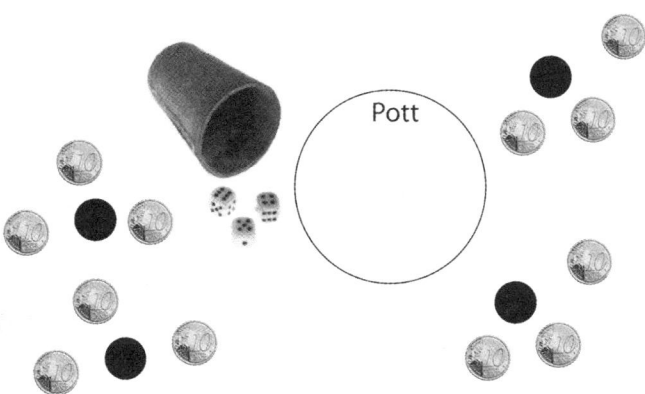

STRASSENJAGD
VENANTES

FÜR ZWEI BIS SECHS SPIELER

Jeder Spieler erhält einen Stift und einen Zettel.

Man würfelt nacheinander mit einem Würfel. Jeder Spieler muss zuerst eine Eins, dann eine Zwei, eine Drei (in dieser Reihenfolge, bis hoch zur Sechs) würfeln.

Wer eine Eins würfelt, schreibt sie auf und darf nochmals würfeln. Wirft man jetzt eine Zwei, darf man wieder würfeln, wird das Ergebnis eine Drei, ist man wieder dran, solange, bis die aufsteigende Zahlenreihe unterbrochen wird. Dann würfelt der nächste Spieler.

Man schreibt seine Augenzahl jeweils auf ein Blatt, von Eins bis Sechs. Wer bei Sechs angekommen ist, spielt in umgekehrter Variante weiter: man muss erst eine Sechs würfeln, dann eine Fünf, Vier, bis zur Eins. Aber man darf nur weiterwürfeln, wenn man die nächste absteigende Zahl geworfen hat.

Sieger ist, wer als Erster alle Zahlen von Eins bis Sechs und von Sechs bis Eins gewürfelt hat.

SAMMELN UND VERLIEREN
LEGERE ET PERDERE

FÜR VIER BIS ZEHN SPIELER

Zuvor werden die Spielminuten, zum Beispiel 20, festgelegt.

Die Spieler bilden zwei gleich große Mannschaften, jede hat einen Würfel und ab dem Startkommando geht der Würfel, innerhalb eines Teams reihum, jeder Spieler wirft einmal, die Augen werden notiert und addiert.

Wirft aber ein Spieler eines Teams eine Drei, sind alle gesammelten Punkte ungültig und man beginnt von vorn. Gewinner ist die Mannschaft mit den meisten Punkten.

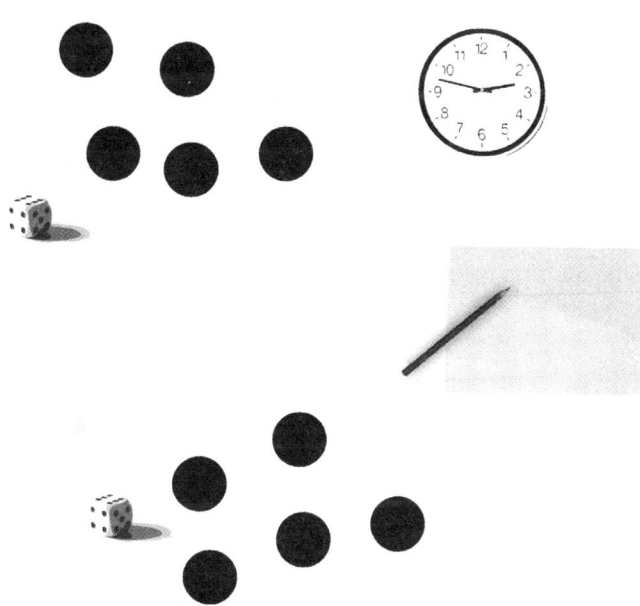

DAS WÜRFELRENNEN
CURRICULUM ALEA

FÜR VIER BIS ACHT SPIELER

Jeder zweite Spieler bekommt einen Würfel.

Alle beginnen gleichzeitig zu würfeln, und zwar sehr schnell hinter einander, Jeder muss versuchen eine Sechs würfeln. Danch gibt er den Würfel an den rechten Mitspieler weiter.
Dieser würfelt auch schnell und so lange, bis er eine Sechs wirft und gibt den Würfel wieder nach rechts weiter. So wandern die Würfel reihum.

Treffen sich zwei Würfel bei einem Spieler, scheidet er aus. Haben mehr als ein Spieler zwei Würfel, nimmt man die Spieler und ihre Würfel aus dem Spiel.

Am Ende bleiben zwei Spieler übrig. Derjenige, der als erster eine Sechs wirft, gewinnt.

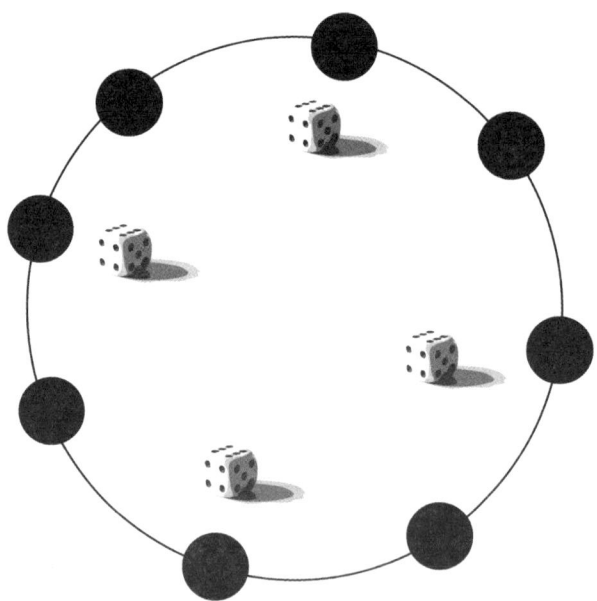

DIE TREPPE

FÜR ZWEI BIS SECHS SPIELER

Man benötigt Kreide und pro Spieler einen Würfel.
Zuerst wird ein Spielfeld in der Art einer Treppe gezeichnet.

Mit der Kreide werden sechs Stufen in aufsteigender Reihenfolge mit
den Zahlen von Eins bis Sechs beziffert. Die Spieler würfeln nacheinander, jeder
einmal. Die erste gültige Augenzahl ist die Zwei, mit ihr kommt man ins Spiel
und steigt zwei Stufen auf.

Es gelten nur die Augenzahlen Eins und Zwei. Wer eine Zwei wirft, darf zwei Stufen hochgehen, wer eine Eins wirft, steigt eine Stufe ab.

Ist jemand auf der untersten Stufe angekommen und würfelt eine Eins oder Zwei,
verlässt er die erste Stufe und beginnt das Spiel von vorn.

Wer zuerst bei der sechsten Stufe angekommen ist, hat gewonnen.

FÜNFERREIHE
QUINQUE

FÜR ZWEI BIS VIER SPIELER

Drei Würfel werden gebraucht.

Man würfelt reihum, jeder Spieler hat hintereinander fünf Versuche.

Das Ziel ist, mit den drei Würfeln auf einen Streich fünf Augen zu werfen.
Gewinner ist, wer dies als Erster schafft.

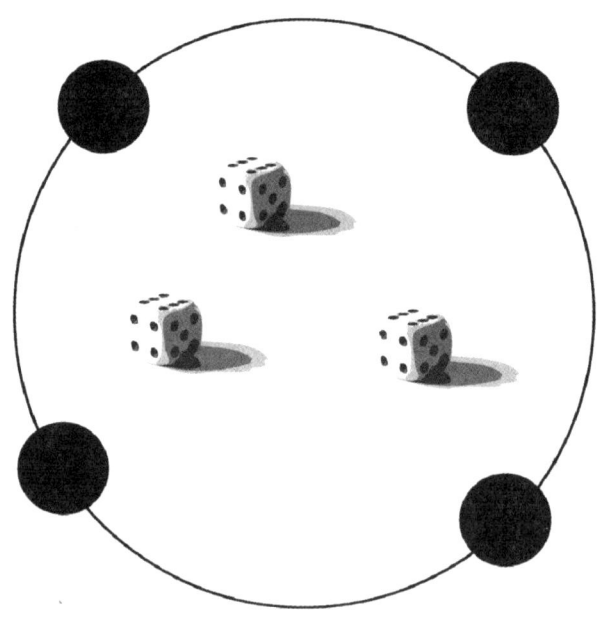

HUNDERT SESTERZEN
SESTERTIOLUM

FÜR ZWEI BIS SECHS SPIELER

Stift und Papier werden bereitgelegt.

Jeder Spieler würfelt einmal mit einem Würfel. Der Würfel geht reihum.
Spielstart ist die Augenzahl Eins, das heißt, jeder muss erst eine Eins würfeln, damit
er am Spiel teilnehmen kann. Jede Zahl, die man nach der Eins wirft, wird mit
zwei multipliziert.

Die Ergebnisse werden notiert und addiert. Sieger ist, wer als Erster die
Zahl 100 erreicht hat.

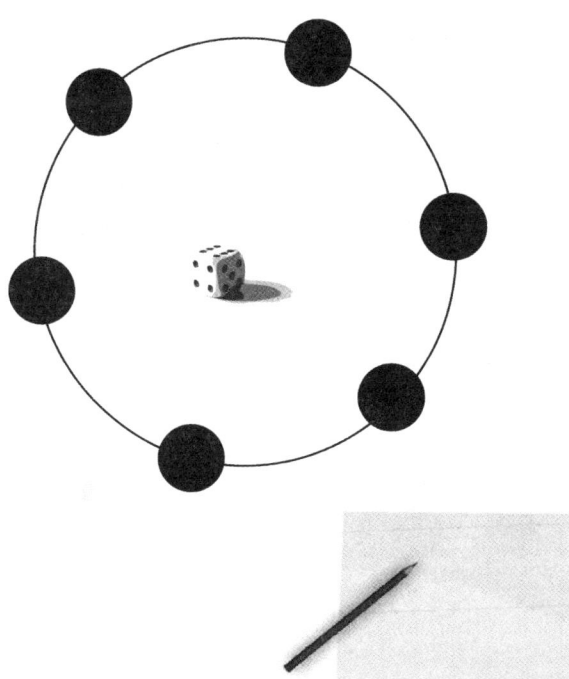

ÖFFNEN UND SCHLIESSEN
APERIRE – CLAUDERE

FÜR ZWEI SPIELER

Zwei Würfel, Lineal, Papier, Schere und Stift liegen bereit. Man zeichnet ein Quadrat mit neun gleich großen Kästchen und numeriert diese von Eins bis Neun. Außerdem wird für die neun Kästchen je ein gleich großes Kästchen benötigt, damit man die Zahlenquadrate abdecken kann.

Der erste Spieler muss die Quadrate bedecken und würfelt dafür die Zahlen Eins bis Neun. Es zählt das Ergebnis der Würfel, sowohl die Summe als auch die Differenz, zum Beispiel: 3 + 4 = 7 und 4 - 3 = 1. Der Spieler darf in diesem Fall die Zahlenquadrate Sieben und Eins abdecken. Der Mitspieler notiert die Anzahl der Würfe.

Wenn alle Quadrate bedeckt sind, versucht der andere Spieler, die neun Felder auf die gleiche Weise wieder aufzudecken. Sein Mitspieler zählt die Würfe. Das Spiel ist zu Ende, wenn alle Felder offen stehen. Gewinner ist der Spieler, der es mit weniger Würfen geschafft hat, die Quadrate zu öffnen oder zu schließen.

7	8	9
4	5	6
1	2	3

TREPPENLAUF

FÜR ZWEI BIS SECHS SPIELER

Man zeichnet in der Art einer Treppe ein Spielfeld. Man benötigt Kreide und pro Spieler einen Würfel. Mit der Kreide werden sechs Stufen in aufsteigender Reihenfolge mit den Zahlen von Eins bis Sechs beschriftet. Man würfelt reihum, jeder einmal. Start für alle Spieler ist die unterste Treppenstufe. Die Augenzahl des Würfels bestimmt das Spiel:

Augenzahl 1: der jeweilige Spieler darf eine Stufe höher gehen

Augenzahl 2: alle Spieler dürfen eine Stufe höher gehen

Augenzahl 3: der jeweilige Spieler darf drei Stufen hinaufgehen

Augenzahl 4: alle Spieler müssen eine Stufe nach unten gehen

Augenzahl 5: der jeweilige Spieler darf einen beliebigen Mitspieler eine Stufe nach unten gehen lassen

Augenzahl 6: der jeweilige Spieler setzt einmal aus

Sieger ist, wer als Erster die oberste Treppenstufe erreicht hat.

EINUNDDREISSIG

XXXI

FÜR VIER BIS ACHT SPIELER

Es liegen Stifte und Papier bereit.

Gespielt wird reihum mit drei Würfeln. Jeder hat hintereinander drei Würfe.
Man muss die Zahl 31 erreichen und notiert die Anzahl der Augen.

Wenn beim ersten Wurf die Summe sehr hoch ist, kann man bei den nächsten
beiden Würfen einen oder zwei Würfel auslassen. Ist die Summe am Ende zu
niedrig, darf man noch ein viertes Mal werfen. Aber wer über 31 hinauskommt,
scheidet aus.

Kommt kein Spieler auf 31, gewinnt, wer am nächsten an der 31 ist!

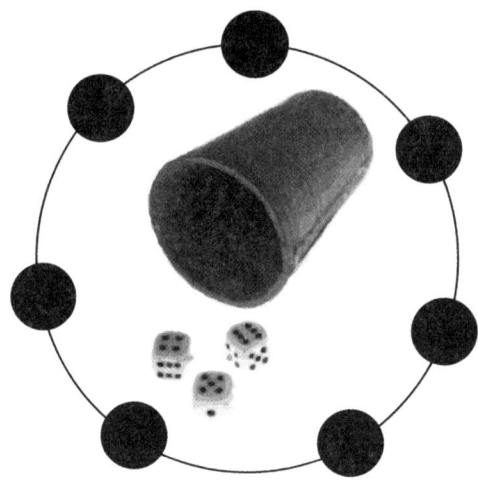

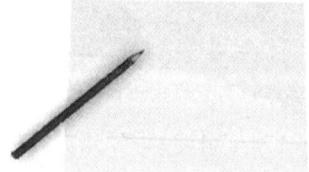

DREIER
TRIA

FÜR ZWEI BIS SECHS SPIELER

Gespielt wird mit drei Würfeln.

Jeder Spieler würfelt dreimal hintereinander.
Man muss als Ergebnis möglichst drei gleiche Zahlen würfeln, beim zweiten und dritten Versuch kann man einen oder zwei Würfel aus dem Spiel nehmen. Wirft man zum Beispiel beim ersten Mal drei-vier-vier, legt man die beiden Vierer zur Seite und versucht mit dem dritten Würfel auch noch eine vier zu würfeln.

Wer die meisten gleichen Augenzahlen hat, ist der Gewinner. Haben zwei Spieler das gleiche Ergebnis, gilt die höhere Augenzahl.

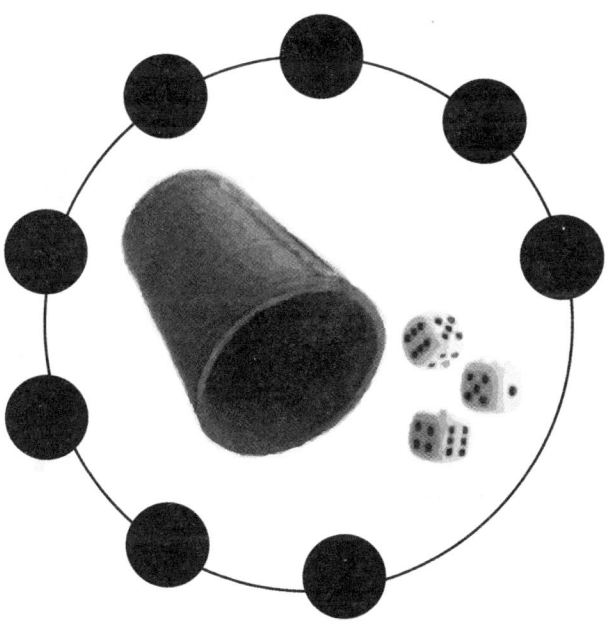

PREISGOLD
AURUM

FÜR DREI BIS SECHS SPIELER

Als Preis werden ein Eis, Kekse oder Weingummi vereinbart und die Spielrunden festgelegt. Papier, Stifte und drei Würfel liegen bereit. Man würfelt reihum, jeder einmal, mit allen Würfeln. Pro Augenzahl zählen folgende Punkte:

Augenzahl 1 = 10 Punkte

Augenzahl 2 = 100 Punkte

Augenzahl 3 = 200 Punkte

Augenzahl 4 = 300 Punkte

Augenzahl 5 = 1000 Punkte

Augenzahl 6 = 2000 Punkte

Die Augen werden notiert und addiert, und wer die höchste Punktzahl schafft, bekommt den Preis.

UNGERADE
IMPAR

FÜR VIER BIS ZEHN SPIELER

Man braucht einen Stift, einen Würfel und Papier. Die Anzahl der Spielrunden wird festgelegt und nacheinander gewürfelt. Es zählen nur die ungeraden Zahlen (eins, drei und fünf). Diese Punkte werden addiert.

Bekommt er eine gerade Zahl, verfallen alle bisher gesammelten Punkte. Sieger ist, wer am Ende die meisten Punkte hat.

FÜNF UND NEUN
QUINQUENOVE
FÜR ZWEI BIS ZEHN SPIELER

Die Anzahl Spielrunden werden bestimmt. Pro Runde setzt jeder Spieler
zehn Cent ein. Die Spieler setzen gegen einen Bankhalter. Nur dieser würfelt, mit
zwei Würfeln.

BEKOMMT ER:
5 oder 9 Augen, so gewinnen die Spieler im Verhältnis 1:1
3 oder 11 Augen oder ein Pasch, gewinnt der Bankhalter
4, 6, 7, 8, oder 10 Augen, bleiben die Sätze stehen und der Bankhalter wirft erneut.

Von 36 Wurfkombinationen entscheiden 18 Würfe das Spiel,
davon sind acht Kombinationen für die Spieler Gewinn bringend, dazu zählen die
1–4, 2–3, 3–2, 4–1, 3–6, 4–5, 5–4, 6–3.

Es sind zehn Kombinationen für den Bankhalter gewinnträchtig,
die 1–2, 2–1, 5–6, 6–5, 1–1, 2–2, 3–3, 4–4, 5–5 und 6–6.

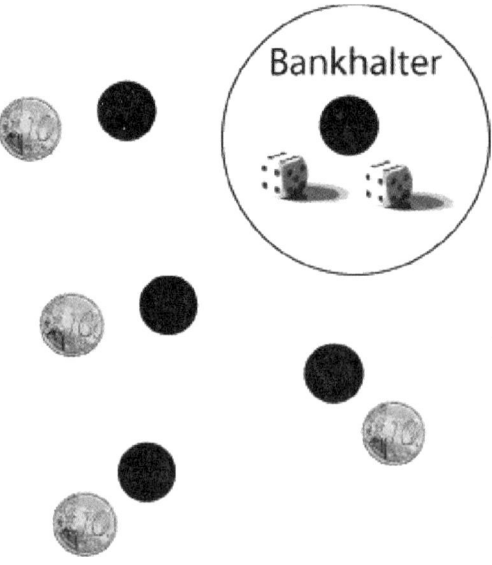

SPRUNGGELENKKNÖCHEL
ASTRAGALOI

FÜR ZWEI BIS SECHS SPIELER

Im alten Rom wurde dieses Spiel auch mit vier Sprungge-
lenkknochen (Astragale) von Ziegen und Schafen gespielt.
Diese natürlichen Würfel wurden später durch Holzwürfel
ersetzt.

Es sind vier Würfel im Spiel. Jeder wirft einmal mit
allen Würfeln, dann ist der nächste Spieler dran. Wer als
Erster auf einen Streich die Augen 1, 3, 4 und 6 wirft, hat
gewonnen.

*Knöchelchenspielerin im
Pergamonmuseum in Berlin*

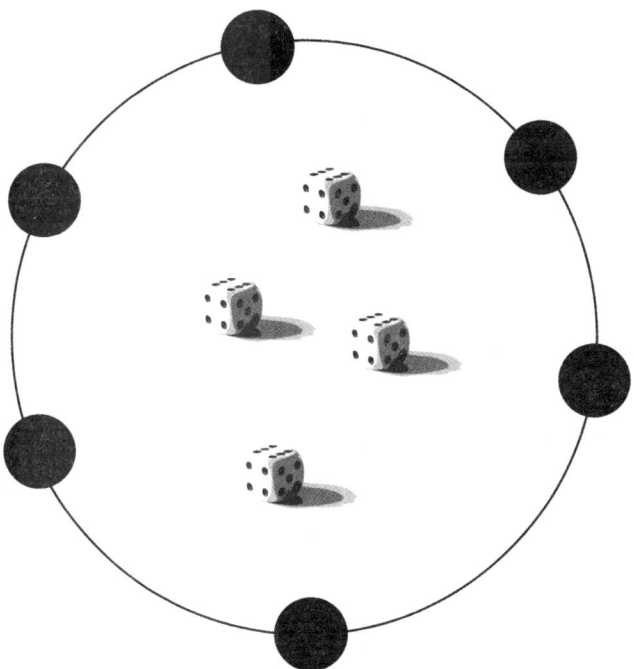

SONSTIGE SPIELE
AUS DEM ALTEN ROM

FINGERSCHNELLEN
MICARE DIGITIS

FÜR ZWEI SPIELER

Es wird die Anzahl der Spielrunden festgelegt. Jeder macht eine Faust und auf Kommando schwingen beide die Faust, vor ihrem Körper umher, so lange, bis einer „Stopp" sagt und beide eine beliebige Anzahl von Fingern zeigen. Gleichzeitig rufen beide eine Zahl, die anzeigen soll, wie viele Finger beide Spieler zusammen zeigen werden. Wer richtig rät, bekommt einen Punkt. Sieger ist, wer am Ende die meisten Punkte gesammelt hat.

RÖMISCHE FINGERZAHLEN

Einen besonderen Schwierigkeitsgrad bekommt das Spiel, wenn dabei die römischen Fingerzeichen verwendet werden. Die Finger der linken Hand stellen die Zahlen eins bis neun dar (siehe Abbildung rechts).

GERADE – UNGERADE
PAR – IMPAR

FÜR ZWEI SPIELER

Die Anzahl der Spielrunden werden vereinbart, und es werden zehn Kieselsteine
benötigt.

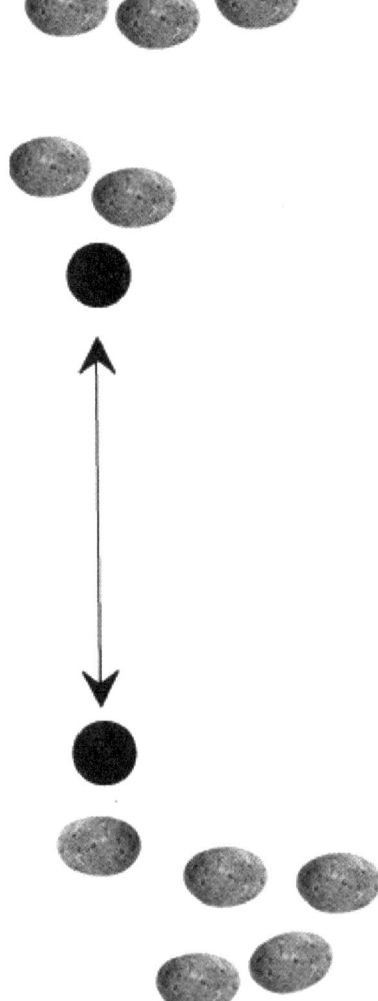

Die Spieler stehen sich gegenüber. Einer von
ihnen hält in der Faust ein paar Steine. Der
andere rät, ob es sich um eine gerade oder
ungerade Zahl von Steinen handelt. Lag der
Ratende richtig, bekommt er einen Stein von
seinem Gegner und das Spiel wird fortgesetzt,
indem der andere die Anzahl der Steine seines
Mitspielers erraten muss. Lag er richtig, erhält
auch er einen Stein vom anderen Spieler.

Verlierer ist, wer am Ende keine Steine mehr
in der Hand hat.

BALL-MIKADO
MIKADO

FÜR ZWEI BIS SECHS SPIELER

Zum Spielzubehör gehören mehrere kleine Bälle und ein Korb.

Nacheinander versuchen die Spieler, die Bälle aus dem Korb zu nehmen, ohne dass sich die anderen Bälle bewegen. Wer dies einmal schafft, darf wie beim uns bekannten Mikado noch einen Versuch starten. Misslingt dieser, ist der nächste Spieler dran.

Gewinner ist, wer am Schluss die meisten Bälle hat.

Geometrisches Puzzle
LOCULUS ARCHIMEDUS

Für Zwei Bis Sechs Spieler

Die Einzelteile des Spieles müssen vor dem Spiel erstellt werden. Mann kann sie aus dickem Fotokarton oder aus feinem Sperrholz anfertigen.

Die Anzahl der Spielrunden werden vereinbart. In diesem Spiel soll pro Runde eine einzelne Figur aus 14 Drei-, Vier- und Fünfecken entstehen, die man zu einem Quadrat zusammensetzen kann.

Die zu legenden Figuren sollen an Tiere oder Gegenstände erinnern, zum Beispiel an einen Helm, eine Gans oder einen Turm.

Wer bei diesem „Gemeinschafts-Puzzle" eine Figur legen konnte, bekommt einen Punkt. Sieger ist derjenige mit den meisten Punkten.

Tipp:

Trifft man jemanden, dem das Spiel unbekannt ist, kann man ihm zunächst die Aufgabe stellen, das ursprüngliche Quadrat zu erpuzzeln.

DIE KLASSISCHEN LEGEBEISPIELE:

In allen historischen Überlieferungen wird immer von 19 legbaren Figuren gesprochen. Neben dem schon betrachteten Quadrat können die hier gezeigten Figuren aus den Teilen des Quadrates erstellt werden.

SO WERDEN DIE 19 KLASSISCHEN FIGUREN GELEGT:

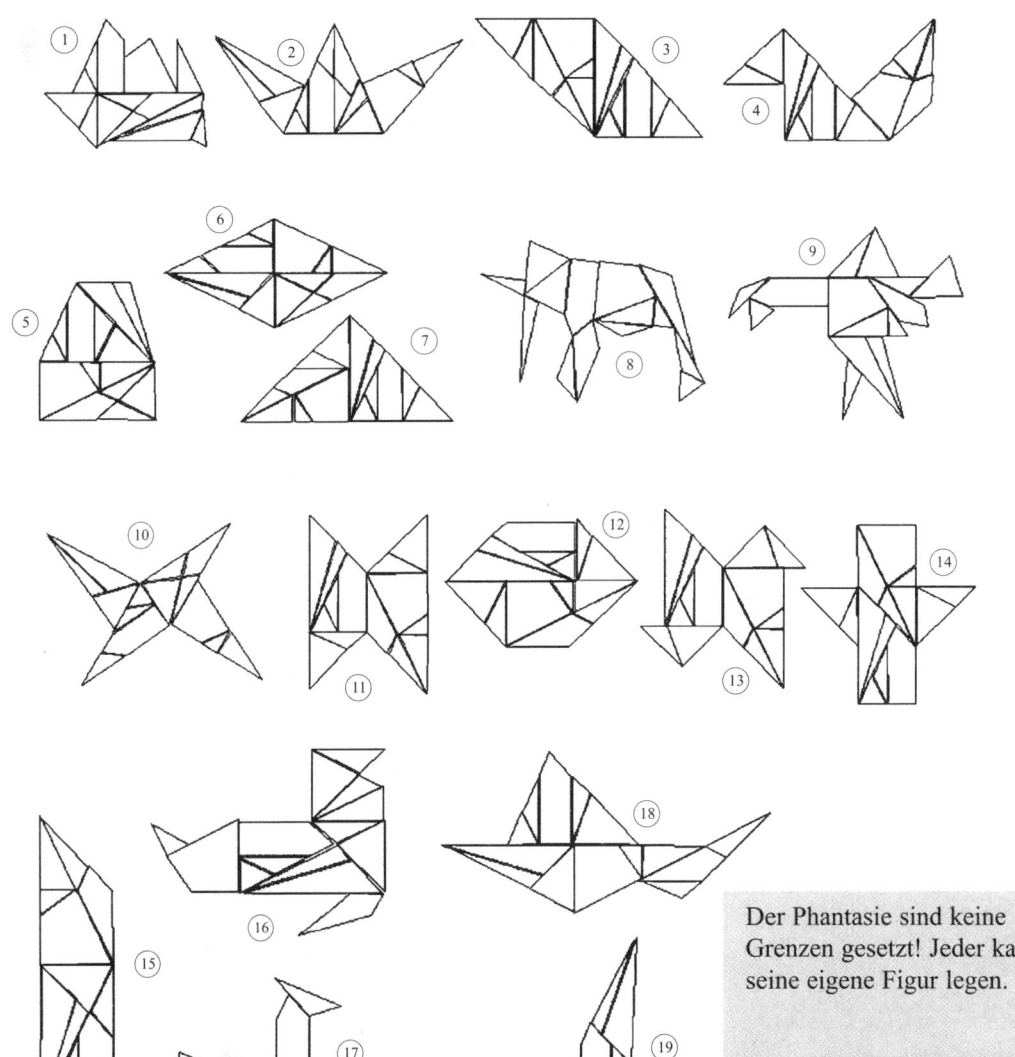

Der Phantasie sind keine Grenzen gesetzt! Jeder kann seine eigene Figur legen.

ZAHLEN, MASSE &
SPRICHWÖRTER

DAS RÖMISCHE ZAHLENSYSTEM

I	1	XCIX	99
II	2	C	100
III	3	CC	200
IV	4	CCC	300
V	5	CD	400
VI	6	D	500
VII	7	DC	600
VIII	8	CM	900
IX	9	M	1000
X	10	MCML	11950
XI	11	MM	2000
XII	12	MMIII	2003
XIII	13	A	5000
XIV	14		
XV	15		
XVI	16		
XVII	17		
XVIII	18		
XIX	19		
XX	20		
XXX	30		
XL	40		
XLIX	49		
L	50		
LX	60		
XC	90		

Die Zeichen I, X, C, M dürfen höchstens dreimal, V, L, D, A nur einmal nebeneinander verwendet werden. Die Zeichen werden von links nach rechts addiert (VIII = 8), steht eine kleinere Ziffer vor einer größeren, so wird sie subtrahiert. Der Wert eines Zahlworts ergibt sich aus der Summe der Werte der Zeichen, die in dem Zahlwort enthalten sind.

Dies gilt allerdings nur für einige Fälle. Im Gegensatz zum heutigen Zahlensystem war das römische nicht eindeutig. So wurde die Zahl 28 meist mit XXVIII oder seltener mit XXIIX abgekürzt. Die Null gab es im Römischen nicht.

RÖMISCHE LÄNGENMASSE

Das römische Grundlängenmass war der *Fuß (pes)*
= knapp 0,3 Meter

5 Fuß ergaben einen *Doppelschritt (passus)*
= etwa 1,5 Meter

125 Doppelschritte ergaben ein *Stadium*
= etwa 185 Meter

1000 Doppelschritte ergaben eine *römische Meile*
= etwa 1,5 Kilometer

DIE RÖMISCHE WÄHRUNG

Caesar und Augustus führten eine Währungsreform durch, die den
goldenen Aureus zur wertvollsten Münze machte.

1 Aureus entsprach *25 silbernen Denaren*

1 Denar entsprach *4 Sesterzen* aus Messing oder *16 Assen aus Bronze*

Zur Verdeutlichung der Kaufkraft:
Für ein As gab es einen Laib Brot, für zwei Asse eine Mahlzeit. Mit zwei Sesterzen
konnte ein Römer seine Lebensgrundbedürfnisse für einen Tag befriedigen.
Im Schnitt 200 Denare kostete ein Rind, 200 bis 1000 Denare ein Sklave.
Der Monatssold eines Legionärs betrug 25 Denare, was auch dem Monatslohn eines
Arbeiters in Rom entsprach. Ein Offizier bekam, je nach Rang, das Zehn-
bis Vierzigfache.

RÖMISCHE SPRICHWÖRTER

ABYSSUS ABYSSUM INVOCAT!
Ein Fehler zieht den anderen nach sich!

ACCIPERE QUAM FACERE PRAESTAT INIURIAM!
Unrecht erleiden ist besser als Unrecht tun! (Cicero)

ACTA AGERE
Leeres Stroh dreschen

ACTIO RECTA NON ERIT, NISI RECTA FUERIT!
Eine Handlung ist nicht richtig, wenn ihre Absicht nicht richtig gewesen ist!

AEQUALEM UXOREM DUCERE!
Man soll nicht über und nicht unter seinem Stand heiraten!

AEQUAM MEMENTO REBUS IN ARDUIS SERVARE MENTEM!
Bedenke stets, Dir im Unglück Gleichmut zu bewahren! (Horaz, Oden II, 3)

AEQUUM INTER OMNES CIVES IUS SIT!
Gleiches Recht gelte unter allen Bürgern! (Seneca)

AIUNT MULTUM ESSE, NON MULTA!
Man sagt, man müsse vieles lesen, nicht vielerlei (Plinius minor)

ALEA IACTA EST!

Der Würfel ist gefallen! (Caesar am Rubikon, Januar 49 v. Chr.).
Quellen: Sueton, Plutarch, Appian, Menander

Wörtlich übersetzt heißt der Spruch: „Der Würfel ist geworfen worden". Die traditionelle deutsche Übersetzung lautet: „Der Würfel ist gefallen" im Sinne von „Die Entscheidung ist gefallen", „Es gibt kein Zurück mehr". Der Ausspruch kann sich einerseits auf die nicht mehr rückgängig zu machende Gesetzesübertretung beziehen (der Würfel ist bereits hochgeworfen), andererseits auf den keineswegs garantierten Erfolg der Grenzüberschreitung (der Würfel kann auf jede Seite fallen).

ALTER ALTERIUS AUXILIO EGET!

Der eine bedarf die Unterstützung durch die anderen!

AUT BIBAT, AUT ABEAT!

Friss Vogel, oder stirb! (Cicero)

BONI VIRI LACRIMABILES!

Gute Männer weinen leicht!

BILDNACHWEIS

Dover Bildarchiv:
Seite 1, 10, 1, 12, 13, 14, 34, 52, 63, 66-67, 125, 128

Gemeinfrei:
Seite 9, 48-49, 80, 107, 123

agil-archiv:
Seite 18-19, 20, 30-31, 32-33, 50-51, 64-65, 78-79, 110-1, 120-121

Pixelio:
Seite 48-49 Dieter Schütz, 108-109 tommy.s